U0525421

狄德罗
01
作品集

**DENIS
DIDEROT**

哲学思想录

PENSÉES
PHILOSOPHIQUES

德尼·狄德罗 —— 著 罗芃 章文 —— 译 罗芃 —— 主编

上海译文出版社

目 录

导言 I

哲学思想录 1
  附录:哲学思想补录或对若干神学家言论的多方反诘 47

论盲人书简 69
  附录:《论盲人书简》补遗 139

导　言

罗　芃

一七一五年，曾经在巴黎法院傲慢地宣布"朕即国家"的法国国王、有"太阳王"美誉的路易十四去世。物极必反，法国专制王权在经历了路易十四朝的鼎盛期之后便不可逆转地滑向衰落，法国社会随之进入了转型期。从表面上看，法国社会虽然遭到对外战争失利和国库空虚的困扰，却依然呈现一片盛世景象，王宫盛宴依旧流光溢彩、灯红酒绿，贵族沙龙照样高朋满座、觥筹交错，公众普遍的心理认知是法国社会将在数百年的旧轨道上继续平稳地滑行下去。而实际上，专制王朝无论在政治上还是经济上都已经成了空心的朽木、断了源头的腐水，只是大多数人暂时还没有觉察到，误以为背后的大树根深叶茂，错把死水微澜当成美丽的风景罢了。

贵族社会的传统（思想的、政治的、文化的）或明或暗遭到质疑，贵族统治的根基正在被逐步拆解，新观念和新文化日益深入人心，并且悄然从社会边缘向中心转移，沉重岩石下地火正在燃烧、奔突……

此时的新观念和新文化正是法兰西文化引以为傲的精粹——启蒙思想。说启蒙思想是新思想，其内核严格说并不新，它并不是十八世纪的创造，而是从文艺复兴时代传承下来的思想原理，即理性原则。在专制王权时期，理性思想原则并没有被弱化或淡化，相反得到了深化和系统化，文艺复兴时期打出理性这面旗帜，针对的是宗教愚昧和宗教狂热，提倡宽容和理解（其精神渗透在荷兰人文主义者伊拉斯谟的《愚人颂》、法国人文主义者拉伯雷的《巨人传》等作品中）。到十七世纪，理性原则由法国大哲人笛卡儿加以系统化、方法化，进入了哲学层面和审美层面，成为至高无上的思想准则，什么都可以怀疑，惟有理性原则不可动摇。于是乎到十八世纪，传统的社会秩序便顺理成章地被送上理性法庭接受审判。从这一点说，十八世纪的启蒙思想家无一例外都是笛卡儿的传人。

虽然历史地说是顺理成章，但是在实际的历史进程中阻力是很大的，因为这是新旧两种思想的交锋。旧思想（王权至上、等级观念、盲从教会、迷信神迹、鄙夷科学等等）作为主流意识形态，虽然产生于贵族社会的经济基础和社会体制，却广泛地存在于社会各阶级。启蒙思想家要做的，就是将理性原则当作无坚不摧的武器，全面扫荡原有的意识形态，构建新的意识形态。在这种批评与构建中，理性原则的内核得到了扩展和丰富，这是十八世纪的巨大贡献。和任何一个社会转型期一样，十八世纪在法国是一个思想空前活跃的时代，一个人才辈出的时代，一个时势造英雄、英雄造时势的互动时代。

狄德罗便是这个时代造就的伟大人物，反过来也是对时代产生重大影响的伟大人物。

一

狄德罗出身于法国东部小城朗格勒一个小资产者家庭，父亲开一爿刀剪作坊，家境谈不上阔绰，却也不算贫寒。中学毕业后，他只身到巴黎打天下。家里给他选择的职业是律师或医生，可他偏偏都不感兴趣，父亲一气之下停止支付生活费，他只好住进便宜的阁楼，吃了上顿没下顿。

在十八世纪的巴黎这个讲等级、拼门第、好虚荣、比排场的社会里，狄德罗与那些出身显赫或者家道殷实的青年站在一起，怎么说也有点乡巴佬的味道。然而他并不自惭形秽，也不因贫困而退却。虽然他曾经一度向往放浪形骸的生活，有点把持不住，然而他很快振作起来，脚踏实地，顽强地开始了思想家的创业之路。读者要想感性地认识狄德罗的处境，不妨读一读巴尔扎克的小说《幻灭》。虽然时代不同，但是那里面的一个人物德·阿泰兹的遭遇和生活处境，包括他的追求和理想（"先成为深刻的哲学家，再写喜剧"），在很大程度上是当年狄德罗的写照。在巴尔扎克的时代，外省青年纷纷涌向巴黎，形成"打工潮"，法国社会学家布尔迪厄的《艺术的法则》对此有精辟的分析，十八世纪虽然没有出现如此成规模的"打工潮"，但是巴黎已经像磁铁一样吸引外省第三等级的青年，而且这种现象已经显现重要社会影响。十八世纪著名作家马里沃的小说《农夫发家记》、雷蒂夫·德·拉布列托纳的小说《农夫堕落记》就形象地展现了外省下层青年闯荡巴黎的艰辛、危险和代价。从这种境遇里可能走出两种人，这两种人在巴尔扎克的小说里都能找到代表。一种人便是德·阿泰兹式的，这种人自甘淡泊清贫，不论遭遇何种厄运困阻，矢志不渝为理想而奋斗。另一种人是《高老头》中的拉斯蒂涅和《幻灭》中的吕西安。虽然前者飞黄腾达，后者"折戟沉沙"于巴黎的名利场，但是从人格来说，二人属于同类，他们把理想抛进泥塘，任自己的灵魂被金钱和虚荣扭曲，这种人即便高冠博带，也不过行尸走肉而已。

还是来谈狄德罗。他的思想家创业之路，起点是两部英语著作的翻译，一部是坦普尔·斯泰尼恩的《希腊史》[①]，另一部是罗伯特·詹姆斯的《药学与外科学通用词典》（与他人合译）[②]。当时，无论自然科学还是社会科学，法国都师法英国——尽管英国是法国的宿敌。狄德罗翻译这两部英语著作，

[①] Temple Stanyan, *The Grecian History*.
[②] Robert James, *Universal Medicinal and Surgical Dictionary*.

正适应了法国人的学习需要。一七四五年，狄德罗翻译出版了英国哲学家沙夫茨伯里①的《功德与品德论》。翌年，狄德罗出版《哲学思想录》。这部作品间或借用了沙夫茨伯里的观点，但总体说是狄德罗的原创，是狄德罗作为思想家、哲学家的奠基之作。

从《哲学思想录》起，狄德罗创作了一系列哲学论著：《怀疑论者的漫步》（1747）、《论盲人书简》（1749）、《对自然的解释》（1753）。后期他还撰写了《达朗贝尔与狄德罗的谈话》（1769）、《关于物质与运动的哲学原理》（1770）等。

作为一个思想家，狄德罗最重要的贡献是主持编撰了法国历史上第一部《百科全书》，书的副标题是"科学、艺术与工艺详解词典"。"艺术"一词的原文是 art，在十八世纪，art 不仅指今天我们所说的艺术，它的含义要宽泛得多，几乎所有人类活动都可以称为 art。这部长达三十五卷的辞书（文字二十一卷，图解十二卷，附录两卷）②之所以受到普遍赞誉，就是因为它集中了当时的欧洲在科学、技术、工业、农业、手工业、哲学、历史、文学、艺术诸方面所取得的重大成就，折射出正在欧洲蓬勃兴起的社会新潮流的历史方向。狄德罗在这项伟大工作上表现出了非凡勇气和坚韧毅力，狄德罗的名字从此和这部鸿篇巨制联系在一起，在它的历史意义上增添了一层伟

---

① Anthony Ashley Cooper, 3rd Earl of Shaftesbury（1671—1713），英国哲学家。
② 其中文字部分四卷，图解部分一卷，以及附录两卷，为后来孔多塞主持增补。

大人格的光辉。

狄德罗的《哲学思想录》和《论盲人书简》触犯了宗教信条，被巴黎法院列为禁书，他的小说《泄密的首饰》也被扣上伤风败俗的罪名。一七四九年七月，狄德罗被捕，关进巴黎东郊的樊尚监狱。大约两年前，巴黎的几位出版商已经把《百科全书》的策划与组织编写工作委托给了狄德罗与数学家达朗贝尔，他们自然很害怕前期投入因狄德罗身陷囹圄而付之东流，便向当局求告。三个多月[①]后，狄德罗获释。

出版商的计划并未脱离"跟英国人走"这个思维模式。当时英国人钱伯斯[②]编写的《百科全书》在英国很走俏，法国人琢磨把它翻译过来，稍作补充后出版，必定有利可图。几度更换出版负责人之后，他们找到了狄德罗和达朗贝尔。这两个人自然不甘心只做简单的翻译工作，于是出版计划由原来单纯的译介变成一个浩大的人文工程：由法国人自己撰写一部法国的《百科全书》。从开始操作到全书出齐，历时近二十个春秋，其间遭遇种种攻击（主要来自教会方面）、干扰和阻挠。例如所谓"普拉德事件"，就是宗教势力对以《百科全书》为代表的启蒙运动的一次挑战。普拉德是《百科全书》的撰稿人，他激烈的反宗教思想得罪了教会，遭到通缉，不得不流亡荷兰。耶

---

① 一说十周。
② Ephraim Chambers（1680—1740），英国作家，一七二八年出版两卷本《百科全书》，对狄德罗主编《百科全书》产生影响。

稣会和詹森派以此为借口对《百科全书》进行讨伐。狄德罗愤然写了《为普拉德神父辩》。更为严重的是,《百科全书》两次被列为禁书(分别在一七五二年与一七五九年),第二次被禁后不得不秘密出版。多亏各方的努力,才终于"功德圆满"。各方的努力之所以能够奏效,一方面是因为这个时期的社会氛围朝着有利于启蒙思想传播的方向转变,希望《百科全书》不要中断出版的呼声很高,另一方面,权力中心一些受到启蒙思想影响的开明人士的保护也起了重要作用。

主持编写《百科全书》使狄德罗享有了国际声誉。俄国女沙皇叶卡捷琳娜二世听说狄德罗为给女儿筹措嫁妆,打算卖掉私人藏书,便决定买下并把使用权留给狄德罗。一七七三年,叶卡捷琳娜二世邀请狄德罗赴圣彼得堡。五个月后,狄德罗回到法国,旅行期间完成了《哲学家与某某元帅夫人的谈话》等著作。狄德罗与其他启蒙思想家一样,从思想上说是反专制王朝、反贵族特权的,但是这并不妨碍他与上层贵族社会建立密切的联系,再说,上层贵族中有新思想倾向的人也不在少数,这些人很乐意与启蒙思想家交往,何况还有不少人想借启蒙思想家的声望给自己脸上贴金。从狄德罗方面说,又何尝不希望向社会上层乃至顶层阐发自己的思想,以此推动社会政治体制的改革?同时,无需否认,接近上层社会多少也有满足虚荣的快感,这是人之常情,无须求全责备。

狄德罗于一七八四年去世,五年后大革命爆发。革命的硝烟刚刚平息，伏尔泰与卢梭这两位生前几乎誓不两立的启蒙思想家被重新安葬于同一个地点：巴黎先贤祠，成为"祖国永远铭记"的人，而同样毕生为传播启蒙思想呕心沥血的狄德罗却与这份殊荣无缘。原因何在？伏尔泰是启蒙时代的精神领袖，才智飘逸，卓然超群，落笔成章，著作浩逸，笔锋犀利，人人敬畏，天下景仰，四海归心，供奉于先贤祠，舍其而谁？在这方面，狄德罗比不上伏尔泰。卢梭的思想是法国大革命直接的精神食粮，革命家们，无论马拉或罗伯斯庇尔，都是卢梭的信徒，在弟子们风光无限的革命高潮中，把老师的遗骸从偏僻的白杨岛转移到政治中心的先贤祠，似乎是弟子们义不容辞的责任。在这方面，狄德罗也比不上卢梭。所以先贤祠里狄德罗缺席，也在情理之中。不过，这并不影响狄德罗在后人心目中的地位，在后人心中的先贤祠里，狄德罗的地位至少是不亚于伏尔泰和卢梭的，在某些方面甚至略胜一筹。

狄德罗评价自己说："一天中间我有百张面孔，我宁静，忧伤，幻想，温柔，粗暴，激动，热情。"狄德罗是一个在各方面都极具挑战性的人，对传统和现实秩序，他大胆地加以调侃、嘲讽、抨击，语言泼辣，甚至有点放肆。这一点上，他有点像写讽刺诗和哲理小说的伏尔泰。不过伏尔泰即使调侃，即使斥骂，脸上也始终挂着温文尔雅的微笑。狄德罗则有一股气，怒气、怨气、豪气都有，发作起来不怎么顾及身份，《拉摩的侄儿》中的主角小拉摩身上便有他的影子。所以狄德罗喜欢西班牙流浪汉小说的形式,写起来随心所欲,说起话来口无遮拦;他也喜欢对话体小说,可以借他人的酒杯,浇自己的块垒。所以他对宗教恨之入骨,见缝插针地加以嘲弄,把无神论的大旗摇得哗哗响。正因为如此,狄德罗受到许多有个性、有创新胆识的人的爱戴,从巴尔扎克到波德莱尔,从新小说家到米兰·昆德拉,都是狄德罗的崇拜者。可是,另一方面,狄德罗又是一个对道德传统心怀敬畏的人,起码从理性上他觉得道统万万断不得,特别是他既然站到了无神论立场上,否定了伏尔泰认为可以"限制人的欲望,约束人的恶习"的上帝的存在,就更需要把道德原则当作社会的主要维系了。所以他创立严肃剧,让他的人物挑起道德教育的重担;所以他在《拉摩的侄儿》里要和自己的影子较劲。朱学勤先生写了《启蒙三题》,说伏尔泰笑着,狄德罗叫着,卢梭哭着。所谓狄德罗叫着,主要指他反对基督教,主张无神论。文章说:"法国革命当年因无神论激烈而出名,也因为无神论激烈而蒙受灾难,付出了过多的代价……"我非历史学家,对这个结论不敢妄言是非。不过我觉得狄德罗不光是叫着,或者说他不光是跳叫,他也有温文尔雅微笑的时候,也有苦思冥想、深思熟虑的时候,甚至还有充当道德宣传家的时候。狄德罗的可爱与可敬,正在于这些不同甚至矛盾的方面都是真实的他,他几乎从不想加以掩饰。用我们习惯的语言,他是一个"性情中人"。在这方面,狄德罗和十六世纪思想家蒙田相似,蒙田也坦率地解剖自己,承认自己是多重性格、多重面貌的。从文学角度说，狄德罗的个性或者说自我的丰富与真实更为当代人所关注，至于他是否反对基督教，在当今普通人眼里可能已经不那么重要。

二

狄德罗是十八世纪著名的唯物主义无神论者。不过他并非从一开始就站到无神论立场上的。初期的狄德罗倾向于自然神论，这从《哲学思想录》可以看得很清楚。在这部著作中，狄德罗对《圣经》和神学家们渲染的种种神迹和传说用理性和科学加以比照，辛辣地嘲笑其荒诞不经。他虽然不时流露出对上帝存在的怀疑，例如他说："没有上帝，从来不曾叫人害怕；倒是有了上帝，有人们描绘的这个上帝，叫人不寒而栗。"这些话在教会和忠实的信徒听来肯定不很受用甚至很不受用，但实际上狄德罗针对的并不是基督教和上帝本身，而是教会违反理性的说教宣传。狄德罗以宽容的态度让无神论者登台，明确宣布"根本就没有上帝，上帝创世是一种妄想"。不过他自己却站在一旁，同无神论保持一定的距离。这种与无神论若即若离的姿态是否出自策略的需要？不能说没有这个可能，但是在策略之外显然还有其他原因。狄德罗此时的思想还处于逡巡不决的状态，他同情无神论，但是他的偶像牛顿等伟大科学家相信上帝存在的立场又对他有很大影响，以至于他难以决然站到无神论一边。他说："如果说唯物主义这个危险学说如今动摇了的话，功劳应该归于实验物理学。"这种似是而非、模棱两可的话暴露了他内心的矛盾。由于他逡巡不决，所以他宁可摆出怀疑论的姿态，从基本教义上对宗教表示怀疑，在上帝是否存在这个根本问题上则采取一种模糊的立场。

到《论盲人书简》，狄德罗的无神论立场开始明晰起来。当时有一个问题引起不少学者的注意，就是盲人的认知问题。盲人如何感知身边的事物，一个先天失明的盲人接受手术复明之后，能不能立刻辨识过去依靠触觉认识的事物，在头脑里形成正确的概念？表面上看，这属于生理学或者医学研究的课题，但实际上它牵涉到哲学的基本问题，因而也就牵涉到信仰问题。《论盲人书简》像《哲学思想录》一样，对宗教大肆宣传的所谓神迹表示极大的反感，认为传播这些神迹，目的无非是诱导民众对上帝造物的完美无缺不敢抱半点怀疑。所以狄德罗虽然没有明确否认上帝的存在，但是他借着盲人先天的生理缺陷，对上帝造物的信条提出了挑战。文中盲人数学家桑德森[①]的这句话："您和我又分别对上帝做了什么，以至于一个拥有这个器官（指眼睛），另一个却被剥夺？"具有震撼人心的力量。这样一种与教会作战的策略，也为其他一些启蒙思想家所采用，比如伏尔泰的《老实人》就拿人间的种种苦难：

[①] Nicholas Saunderson（1682—1731），剑桥大学数学与光学教授，一岁时丧失视力。

饥饿、疾病、地震、战争等等，批驳了莱布尼茨所谓这个世界是"所有可能世界中最好的"，最后矛头所指，还是宗教教条。

《论盲人书简》较之《哲学思想录》更进一步的是，作者不再因为牛顿等科学家说上帝是世界第一推动力而逡巡不前，他借桑德森之口，坚定地表达了无神论立场。盲人数学家临终前，牧师霍尔姆斯劝导他皈依上帝，牧师援引牛顿、莱布尼茨、克拉克这些"世界一流天才"的观点，企图说服盲人数学家。数学家承认，不信上帝，与牛顿这些伟大天才人物的思想是背道而驰的，把他们真心诚意接受的宗教观否定掉，看起来似乎有点不知天高地厚，但是牛顿等人的现身说法固然有力，终不及整个自然现身说法有力。何况牛顿相信的毕竟还是上帝之言，而牧师却沦落到相信牛顿之言，未免可悲。这样，狄德罗就迈出了走向无神论的最后一步。

狄德罗亲自实地造访了一位先天失明的盲人，对盲人的认知手段和能力作了考察。在整个考察与分析过程中，狄德罗完全站在理性立场上，坚持"人的感官功能是感知的基础"这一唯物论原理，彻底摒弃任何超自然力量左右认知的可能，令人信服地论证了盲人的认知过程：以触觉代替视觉，以触觉材料构成感知，把感知材料升华为概念，再由概念的组合构成思想。狄德罗把感知称为想象，他说明眼人的想象是"回忆并联结可视点或色点"，而盲人的想象是"回忆并联结可触点"，所以盲人感知事物的方式较之明眼人感知事物的方式更具思辨特点。① 虽然盲人的认知结果和明眼人不尽相同，例如盲人为镜子所下的定义显然有别于一般明眼人头脑中关于镜子的概念，但是这种差异却掩盖不住共同的理性特征，所以狄德罗感叹道："如若笛卡儿也是先天失明，他一定会为这样一个定义抚掌叫好。"②

比起《哲学思想录》，《论盲人书简》论争的锋芒收敛了许多，但是唯物主义立场更加坚定，更加彻底，理论阐发也更加系统。如果说在《哲学思想录》里，狄德罗就像一个仓促上阵的拳手，急于寻找对方的破绽展开攻击，勇猛有余，沉稳不足，那么在三年后发表的《论盲人书简》里，人们看到的是一个胸有成竹，沉着老练的战士了。这部作品并没有多少激烈的反宗教言辞，然而它将理性原则推到了极致，将一切需要回答的问题都纳入了理性思维模式的推演，基督教信条在这里没有丝毫立足之地，这显然比痛快淋漓的叱骂更令教会胆战心惊。

三

在启蒙时代，法国思想家多多少少都与文学结有不解之缘。毋庸讳言，或许是因为对古代文化的崇敬和对柏拉图的景

---

① 引自《论盲人书简》，本书第九一页。
② 出处同上，本书第七七页。

仰吧，在他们心目中，文学较之哲学（广义的）是等而次之的，即便是诗歌、戏剧，与哲学著作也不可同日而语，如果是小说，那就更有拿不出手的感觉，要么用假名遮掩，要么就自嘲一番，表示自己知道这东西不登大雅之堂，不过是闲来玩玩而已。他们倒不像我国宋明理学家那样认为"作文害道"，只不过认为"作文"是雕虫小技，或者套用大理学家程颐的话，是"闲言语"，会招公众笑话。然而令他们意想不到的是，少了这些"闲言语"，他们能不能够名垂青史、流芳百世还真难说哩。就狄德罗而言，如果我们说今天人们对他的文学活动的关注要远远超过对他的哲学活动的关注，大概不算过分。他自己并不看重的小说，今天倒成了他一个耀眼的闪光点，他九泉下如果有灵，一定会万分惊诧的。

狄德罗的时代，古典主义余威犹存，戏剧依旧是占统治地位的文学形式，要想涉足文学，非涉足戏剧不可。伏尔泰不必说，他是当时首屈一指的悲剧家，其他如孟德斯鸠、卢梭，都写过剧本。卢梭出于加尔文教的信念，也出于一个日内瓦公民的责任感，对戏剧颇多微词，对日内瓦新教徒狭隘的禁戏制度巧言维护，然而他自己却创作（或参与创作）了若干歌剧剧本。戏剧吸引力之大，由此可见一斑。

狄德罗当然也抵御不住戏剧的诱惑，忙里偷闲地写剧本。说忙里偷闲，因为这时狄德罗正担负着《百科全书》的组织工作，还要撰写哲学专著。既是偷闲，时间就有限，根据现存资料，他先后酝酿了起码十个剧本，可是最后成稿的只有三个：《私生子》(1757)、《一家之主》(1758)、《他是好人？还是恶人？》（这个剧本最后一稿大约在狄德罗去世前两年完成，生前未发表）。前两个剧本分别在一七七一年和一七六一年上演，谈不上轰动，却还算热烈，起码狄德罗本人对演出效果很满意。《他是好人？还是恶人？》就一直与舞台无缘了。狄德罗去世八十年后，两位大作家，小说家尚弗勒利和诗人波德莱尔，分别读到剧本，拍案称奇，以为是扛鼎之笔。激动之余，小说家找了法兰西剧院，诗人找了一个二流剧场"快活林"，都是为了推荐这个剧本。法兰西剧院光打雷不下雨，哼哼哈哈拖了几年，把尚弗勒利的心思拖冷了；"快活林"的经理奥斯坦倒很爽快，直截了当把波德莱尔顶回去："如果我们把狄德罗这部作品奉献给观众，那肯定是令人沮丧的败笔。"[①]

狄德罗的戏剧作品数量有限，影响也有限，然而他戏剧创作的指导思想，即他关于创立严肃剧种的理论，在文学史上却具有划时代的意义。

严肃剧的提出，针对的是古典主义戏剧。古典主义在十七世纪出尽风头，产生了高乃依、拉辛这样的大师。虽然在古典主义鼎盛期，悲喜剧、牧歌剧等剧种也并未消失，后来又出现了情节剧等新剧种，但是得到正统戏剧观，也就是文学话语权

[①] 引自《狄德罗全集》（巴黎：1857），第八卷，第一四二页。

占有者首肯的依旧只有悲剧和喜剧两大类,其他概被视为另类,只不过另类也有另类生存的空间就是了。十八世纪中叶,剧作家尼维尔·德·拉舒塞等人又开创了流泪喜剧,这是一种既非悲剧,也非喜剧的"非驴非马"的新品种,在公众中却好评如潮。按权威文学史家的评价,德·拉舒塞"才能平平"[1],他之所以能够以并不多的九出戏青史留名,全是因为流泪喜剧回应了当时公众扩展戏剧表现范围的要求。

这种要求主要来自蒸蒸日上的资产阶级。百多年来,资产阶级在戏剧中的地位不说屈辱,也是很委屈的。悲剧专门颂扬君主王妃、公侯大臣,求典雅,尚崇高,与资产阶级的生活自然隔绝得很。喜剧里面倒是不乏资产者形象,但大多是受嘲笑的对象。有鉴于此,狄德罗借鉴德·拉舒塞流泪喜剧的形式,郑重提出了严肃剧种的主张。他首先从事物的普遍规律入手为"严肃剧"正名,他说:"一切精神事物都有中间和两极之分,既然一切戏剧活动都是精神事物,就似乎应该有中间类型和两极类型。两极有了,就是喜剧和悲剧。但是人不可能永远不痛苦便快乐,因此喜剧和悲剧之间一定有中间地带。"这个中间地带的剧种,他称之为严肃剧或者正剧。

乍看起来,创立严肃剧种似乎只关乎形式,其实不然。狄德罗倡导严肃剧,其历史意义绝不仅仅在于打破喜剧、悲剧两

---

[1] 引自朗松《尼维尔·德·拉舒塞与流泪喜剧》(巴黎:1887),第二三页。

分天下的格局（或者说击破这种排斥其他戏剧形式的暴力意志），还在于让戏剧这种古老的文化形式获得新的生活源泉，让戏剧得到新生。长期以来，古典主义悲剧恪守以神话和历史传说为题材的古训，使得戏剧与现实生活相隔离，即便是借古讽今（例如伏尔泰的戏剧作品），作品描写的生活毕竟还是与一般公众熟悉的生活相去十万八千里。传统喜剧倒是常常把目光投向现实，但是嘲笑丑陋、揶揄恶习的基本写作策略必然限制它的视野，使它对生活的理解与表现带有很大的局限性，不免是残缺的。更为重要的是，它所残缺的正是十八世纪的社会，特别是这个社会的资产阶级愈来愈感兴趣的。简单地说，它残缺的正是普通人生活中的悲欢离合。在人们看腻了那些"宏大历史描述"，听够了那些用特别训练出的语调唱诵出来的华丽词章，感受够了那些伟大崇高却遥远生疏的感情之后，必然要求回归自然，回归自己所熟悉的生活场景，回归个人的世界，回归细琐渺小却亲切感人的感情。一旦审美观的变化与资产阶级文化变革的需要结合起来，对古典戏剧的冲击就不仅仅是形式上的，而必然是一种内在的、革命性的冲击，从根基上动摇传统的贵族文化。

在审美观的改变方面，作为法国效法对象的英国风行一时的感伤小说起到了不容忽视的推波助澜的作用。英国著名小说家理查逊、斯特恩的作品成了巴黎市民尤其是女性读者珍爱的案头书。狄德罗在《理查逊赞》里道出了这个时期广大读者的心声:"理查逊啊!我敢说最真实的历史是满纸谎言,而你的小说却字字真实。历史只描写几个人,你描写人类;历史把这几个人并未说过,并未做过的事情归在他们名下,你笔下人物的一言一行,却都是他说过的,做过的;历史只捕捉时光的一瞬间,地球表面的一个点儿,你却抓住了所有地方和所有时代。人的心灵在过去、现在和将来始终如一,它是你临摹的范本。假如要对最杰出的历史学家作一次严格的判断的话,有哪一个历史学家能像你那样经受得住呢?从这个观点来看,历史往往是一部坏的小说;而像你写的那种小说,才是一部好的历史。自然的画师啊!只有你才从来不说假话。"好的小说是一部真实的历史,好的戏剧也应该是一部真实的历史。理查逊的小说描写普通家庭的不幸遭遇,令人感叹唏嘘,情不自禁一掬同情之泪,这显然给了狄德罗深刻的启示,让他看到了在普通家庭内,天天上演着感人至深的人生戏剧,这为戏剧舞台提供了丰富的创作源泉。正如后来博马舍所说:"应该给他们念一念理查逊的小说,那是真正的戏剧。"[1] 所以,从表面上看,狄德罗提出严肃剧种是要在古典主义的悲剧喜剧之外创立一种新的剧种,实际上他真正关心的是如何把现实生活中与普通观众的情感丝丝相连的事件搬上舞台,"悠悠万事,惟此为大"。

正因为如此,狄德罗把严肃剧定位为家庭生活剧(他有时

---

[1] 引自《博马舍全集》(巴黎:1865),第一页。

索性把严肃剧称为"家庭喜剧"或"家庭悲剧")。他说:"题材必须是重要的;剧情要简单和带有家庭性质,而且一定要和现实生活接近。"他认为,如果严肃剧能够发展起来,"就没有什么社会情境和重要的生活情节不能归到戏剧体系这部分或那部分了"。[1] 这种戏剧所表现的就是博马舍所谓的"家庭苦难的感人图画"。博马舍认为:"由于家庭苦难的威胁对我们来说近在眼前,所以这种图画对我们心灵的作用就更强烈。"[2] 同时,狄德罗批评传统喜剧"求助于滑稽就不能不使自己降格",传统悲剧"扩张到神奇就不能不失真"。悲剧的传奇性和神奇性使得它与现实生活的联系只能是象征的和隐喻的,而喜剧"求助于滑稽",使它反映现实生活的范围和能力也大受限制。这样,狄德罗就把家庭生活题材与戏剧的真实性联系起来。这里面蕴涵着狄德罗关于文学"真实观"的真知灼见。当以资产阶级为主体的普通公众要求从舞台上看到自己生活的真实反映的时候,戏剧的现实观必然发生变化,而现实观的变化又必然要求形式的突破,狄德罗的严肃剧正是顺应了时代的这种要求。尽管狄德罗没有使用"风俗"这个字眼,但是他的思想实际上与十九世纪现实主义小说家关于文学应当成为社会风俗史的主张已经相当接近。

由于时代的局限,狄德罗对资产阶级家庭生活的理解还比

---

[1] 引自狄德罗《关于〈私生子〉的谈话(三)》。
[2] 引自《博马舍全集》(巴黎:1865),第一页。

较狭隘，他的戏剧作品仍旧可以明显地看出德·拉舒塞的流泪喜剧以及此前和同时代的情节剧的影响。但同时应该看到，他的作品在两个方面有明显的突破。首先，这些作品不再以冷嘲热讽的态度将资产阶级的生活漫画化，而是以前所未有的严肃的写作姿态表现资产阶级家庭生活的环境和氛围，肯定其人生价值。对于资产阶级的生存方式，包括生财之道，这些作品表现出一种亲和态度。比如在《私生子》里，克莱维勒准备放弃继承权，离开家庭，与意中人苏菲小姐共同经受命运的考验，他向好友多华尔宣布，解决贫困的最好办法是经商："只有经商的辛苦、操劳、风险能够与巨大的财富成正比，冒了风险，赚的是干净钱。"（第四幕第五场）这些话明白无误地宣布了资产阶级的价值观。其次，狄德罗把以往戏剧中揶揄、嘲讽乃至侮辱的对象，塑造成了可亲可爱、具有崇高道德品质的人物类型。这些人物宽容大度，相互爱护，敢于自我牺牲，即便对雇农和雇工，也和蔼友善，通情达理，处处与人为善（《一家之主》第二幕第一场）。尽管归根结底他们还是为了自己的利益，但是在狄德罗看来，这合情合理。在狄德罗的作品里，真正成为嘲讽对象的是《一家之主》中的骑士，这个外省小贵族的狭隘自私与家庭内部成员的慷慨大度形成鲜明对比。这个人物在作品中显然被边缘化了，从他的地位说，他是为了躲避穷亲戚，从外省到巴黎，厚着脸皮挤进道伯森家的；从道德观说，他与道伯森一家人都格格不入。这种边缘化的处理方式有喜剧传统的参照，不过在这个作品里，它同时也适应了严肃剧理论将资产阶级生活"正剧化"的需要。

狄德罗的严肃剧理论包含一个重要的创作视角，那就是道德视角。在摄政王时代和路易十五朝，法国社会道德松弛，上流社会醉心于声色犬马，文化人，包括一些著名作家和思想家，也不免随波逐流。这种状况引起了强烈的道德反弹，卢梭、雷蒂夫·德·拉布列托纳、拉克洛等作家都在作品中对现代文明下道德的急剧崩溃表示出极度的焦灼不安。对社会道德的偏失甚至缺失，狄德罗的态度虽然不像卢梭等人那样严峻，但是他也强烈主张文学艺术应该重视道德教化的作用。他说："使德行显得可爱、恶行显得可憎、荒唐事显得触目，这就是一切手持笔杆、画笔或雕刻刀的正派人的宗旨。"[1] 在这一点上，有典型意义的事例是他对著名画家布歇的态度。布歇是洛可可艺术的代表，他的画色彩娇艳，线条富于流动感，一时深受公众欢迎。布歇画了许多裸体，由于色彩娇嫩，加之为了迎合公众的审美需求，人物动作和场景设计有时含有色情暗示（这在当时是一种时髦）。对此，狄德罗十分不满，他说："绘画和诗有一个共同之处，似乎大家还没有注意到，那就是二者都应该是合乎道德的。布歇没有考虑到这点，他的作品总是放荡的，所以吸引不了人。"他不客气地批评布歇："朋友，如果

---

[1] 引自狄德罗《画论》第五章。

你的作品是专给十八岁的放荡青年看的，你就做对了，继续画你的女人屁股和乳房吧；但是，对正派人和我来说，尽管人们把你的作品摆在沙龙里最引人注目的位置，我们还是不屑一顾。"① 从这里可以看出狄德罗强烈的道德忧虑。以狄德罗的艺术修养和敏锐鉴赏力，他本可以更加公允地看待布歇的作品②，可以写出更"哲学"的批评，但是道德忧虑使他的口气在今天看来显得过分严厉，过分简单。

在戏剧中，狄德罗基于创立严肃剧的初衷，一直把道德教化功能放在首位。他认为在严肃剧中"应该有一种与它相适应的最高尚的情操"。所谓的"最高尚的情操"，按照《拉摩的侄儿》中哲学家与拉摩的侄儿的对话，无非是"热爱国家""爱妻子儿女""珍惜友谊""担负家庭责任"等常规道德标准，实践这些标准是狄德罗的道德理想，这从他的几个剧本可以看得很清楚。狄德罗这个思想后来得到博马舍的赞同。博马舍说："严肃剧最根本的就是表现更为急切的关心，比悲剧更直接、比喜剧更深刻的教训。"道德视角或者说道德理想使狄德罗在戏剧创作中不自觉地板起了面孔，多少显得生硬、呆板、僵化。他的戏剧作品渗透了他的道德理想，其中的正面形象不但

---

① 引自狄德罗《画论》第五章。
② 狄德罗在《沙龙》的评论里高度肯定了布歇的技巧，但是对其作品大多取否定态度，认为布歇的作品不真实。在狄德罗的思想里，真实和道德似乎是联系在一起的。

身体力行，用常规道德标准规范自己的言行，而且不遗余力地向周围的人宣讲这些标准，有时不免成为作者道德观的传声筒。

十八世纪的作家大都缺乏塑造人物性格的自觉意识，或者说，他们并不认为塑造性格是小说和戏剧的要素（这并不意味着他们作品中的人物没有性格，只是说他们对此缺乏自觉）。狄德罗就是一个例证。对戏剧，他重视的是题材（舞台上他还重视演员的表演），主张戏剧大力表现社会状况，表现当代人的生存境遇。他明确说："从根本上说，需要在舞台上表现的是境况，而不是性格。"所谓境况，应该是普通观众所熟悉的真实生活的总体情况。这符合狄德罗倡导严肃剧的基本思想，在当时也无疑具有积极意义，问题是这种境况如果缺乏戏剧性，缺乏矛盾冲突所形成的感情与心理的巨大张力，又缺乏具有性格特征的人物，同时作品又被一种强烈的道德意识所控制，那么，本应藏在文学作品深处的道德功能便可能流于表面化，最终失去生命的气息，成为枯燥的说教，好比地下河流到了沙漠里，很快便干涸了。当时德国文艺理论家莱辛就发现了这个问题，感叹狄德罗德的思想使他朝着"完美性格的礁石"驶去。莱辛很不客气地质问："某种身份的人物，除了按照义务和良心行动之外，绝对不会做出别的事情来；他们将不折不扣地遵照书本行事。我们指望在戏剧里看到这种情况吗？这种表演能够产生引人入胜的魅力吗？我们期望于这种表演所产生的裨益,能够大到值得我们花费气力,为此确立一种新题材,并为这种新体裁编写一部独立的诗学的程度吗?"① 狄德罗强化戏剧道德功能本无可厚非,但是这个良好的愿望在创作实践中却不幸变成了束缚创作灵感的绳索。

有趣的是,转到小说领域,狄德罗就像换了个人。如果说戏剧家和戏剧理论家狄德罗热衷于宣讲道德,小说家狄德罗则悠然进入游戏状态,他的情绪显得自由得多,灵活得多,松弛得多,因而能够相当从容而且不失幽默感地展示人物个性和内心世界的各个侧面。实际上,这一点正说明了狄德罗的文学观念还没有完全突破旧的樊篱,他还是承袭了旧观点,以戏剧为正宗,而小说嘛,说家长里短的笑话,供饭后茶余的谈资,只能是旁枝,不一定要认真对待。正因为如此,作者可以在小说里放松一回,潇洒一回,让自己的个性充分显露出来。当然,狄德罗也不是永远轻松地对待小说,他也有沉重的时候,例如他写《修女》,但是这恰好说明,在狄德罗的观念里,小说无一定之规。

小说这个文学体裁,长期被边缘化了,文学理论家从不正眼相看。这是小说的悲哀,却也是小说的福分,因为作家和理论家都小看它,不屑于费力为它编造理论、规则、大法之类的紧箍咒,久而久之,它成了一个内涵小而外延大的文学类型。

---

① 引自莱辛《汉堡剧评》,张黎译,上海译文出版社,二〇〇二年,第四三四至四三五页。

到十八世纪，现代小说的雏形已经在英国出现，不过，无拘无束、自由自在的小说在当时仍旧大行其道，而且法国总是比英国落后半步的，当时的法国人，包括那些伟大思想家，仍旧以比较自由随便的心态看小说。瑞士文学批评家斯塔罗宾斯基评论伏尔泰的小说《天真汉》说："说《天真汉》是小说，毋宁说是小说的变形，小说的夸张版本，将小说生成的各种规则混杂在一起，不论是冒险小说（起源于古希腊），还是流浪汉小说，还是故事——对不真实的事情情有独钟。"① 伏尔泰的这种小说观念和写作策略，也是狄德罗的小说观念和写作策略。这种观念和策略源自对人与世界关系的一种自由的、开放的眼光。米兰·昆德拉对此有很精到的评论："堂吉诃德启程前往一个在他面前敞开着的世界。他可以自由进入，又可以随时退出回家。最早的欧洲小说讲的都是穿越世界的旅行，而这个世界似乎是无限的。《宿命论者雅克和他的主人》（以下简称《雅克》）从两个主人公在路上开始：我们既不知道他们从哪里来，也不知道他们到哪里去。他们的时间既无开始，也无终止；他们的空间没有边界，他们在广袤的欧洲，而对于欧洲，未来永远不会终结。"② 这种自由开放的写作，昆德拉把它叫做"快乐的悠闲"。十九世纪以后，这种"快乐的悠闲"逐渐被淡忘，直到二十世纪中期，当以巴尔扎克、狄更斯为代表的

---

① 引自让·斯塔罗宾斯基《痛中之药》（巴黎：1989），第一二三页。
② 引自米兰·昆德拉《小说的艺术》（巴黎：1986），第二二页。

风俗史小说受到广泛质疑的时候，人们才又想起历史上还曾经有过《堂吉诃德》《雅克》这样的小说，人们对这些小说的写作手法特别是叙事手法，直至这些小说所透露出来的小说观念都重新萌发了浓厚兴趣，于是乎有了对狄德罗的"重新发现"，狄德罗似乎一下子成了十八世纪小说艺术最高成就的代表。其实，我们固然不必因为狄德罗的小说与十九世纪那种情节完整、细节真实、人物形象鲜明的小说有较大差别而贬低前者，却也不必因为要肯定前者就把它抬到吓人的高度。"快乐的悠闲"并不是狄德罗的创造，这在当时是时尚，狄德罗不过顺应了时尚就是了。

狄德罗的小说（或者说"叙事作品"），生前出版的有《泄密的首饰》《修女》《布尔波纳的两朋友》以及《这不是故事》的一部分。其他作品，包括《拉摩的侄儿》《雅克》这两部经典，都是狄德罗去世后才出版的。《拉摩的侄儿》大约创作于一七六四年到一七七三年间，首次面世是在德国，由歌德翻译成德文，时间是狄德罗去世二十余年后的一八〇五年。然后作品被译回法文，一八二一年在法国出版，两年后，根据狄德罗自己的手稿整理出版的《拉摩的侄儿》才首次出版。《雅克》的写作大约在一七七三年前后，一七八五年，也就是狄德罗去世第二年，德国出版了小说的一部分，全书到一七九六年才在法国出版。狄德罗生前对出版自己的小说似乎不是很上心，造成这两部伟大作品曲折的出版经历。早年《泄密的首饰》惹上了官司,狄德罗心有余悸,所以不敢轻易把小说拿出去发表?这好像解释不通,因为从这两部作品的内容看,似乎不太可能重演樊尚监狱那一幕。今天推测起来,不上心的原因应该就是不上心,就是说,"快乐的悠闲"的作品,自然以"快乐的悠闲"对待之。①

"悠闲"是生活态度,也是审美态度,并不是社会态度或政治态度。而且即使都是在"快乐的悠闲"中写出来的作品,也不会是一个面孔。《拉摩的侄儿》是一次对话,一场争论,关于道德与非道德的争论。一方是"我",哲学家,另一方是"他",音乐家拉摩的侄儿。哲学家是道德的维护者,站在正义、责任、荣誉、亲情、理想一边,小拉摩是道德的颠覆者,站在金钱、利益、狡诈、冷酷一边。这个从家族遗传因子中继承了音乐天赋的青年,穷困潦倒,沦为食客,为一小块面包也能抛弃一切羞耻感而在富人的饭桌上摇尾乞怜。哲学家和小拉摩攀谈起来,你有来言,我有去语,话不投机,越争越激烈。小说通篇就是两个人的对话,说是小说,却并没有故事与情节,以现代小说的形式来看这部作品,就不能说它是小说,充其量是个对话片段。狄德罗是擅长写对话的,他的许多论著,例如《达朗贝尔与狄德罗的谈话》《关于〈私生子〉的谈话》《哲学家与某某元帅夫人的谈话》等等,都是对话体。包括像

---

① 有一种解释认为,狄德罗与出版商有协定,在一段时间里不发表作品,以免给《百科全书》惹麻烦,所以包括《雅克》在内的著作都未出版。

《这不是故事》这样的小说,也有对话体的痕迹。那些不欣赏狄德罗戏剧作品的人,说他的剧本不过是对话而已,这倒从反面证明了狄德罗确实是写对话的高手。《拉摩的侄儿》与其他对话作品不同的是,它塑造了一个性格鲜明的人物小拉摩。此人肺活量大得惊人,嗓音嘹亮,精力充沛,却又衣冠不整,邋遢不堪。作品一开头,寥寥数语就把小拉摩的形象立起来,真是呼之欲出。在与哲学家的思想交锋中,他思维敏捷,言语泼辣,令哲学家心里暗自称奇。这个年轻人对事物,对社会,对人心,对人们普遍接受的观念,诸如正义、公平、责任,洞察入微,鞭辟入里。口若悬河,侃侃而谈的不是以人类精神导师自居的哲学家,而是这个不入流的市井混混,这是何等叫人难堪的场面!哲学家自然据理力争,可是与小拉摩的聪明机智相比,他的思想不免显得枯燥,语言不免显得乏味。于是这场对话构成了三个层面的对立,第一个层面是表面的对立,即哲学家与小拉摩不同道德立场的对立。哲学家要维护传统道德观念,小拉摩则把哲学家列举的一系列看似天经地义的道德观念一概斥为"虚荣"。第二个层面是更为深刻的对立,是二人对现存社会秩序不同立场的对立。有意思的是,看起来应该是狄德罗化身的哲学家并没有对现存社会秩序大加挞伐,相反倒是小拉摩大倒苦水,对社会的不公,对上流社会"满口仁义道德,满肚子男盗女娼"的丑恶嘴脸极尽嘲讽挖苦之能事。第三个层面的对立是透过两个人物的对立暴露出来的作者内心的矛盾，这里不但有狄德罗在理念与现实的冲突面前感到的彷徨，还有他作为一个人所感到的灵与肉之间的分裂。

《雅克》是"快乐的悠闲"类小说的经典。整个作品犹如天马行空，任意驰骋，的确悠闲得可以。小说主体部分仍旧是对话，一方是雅克，另一方是雅克的主人。从他们的对话与见闻生发出若干相互间没有联系的故事。主仆二人在旅行，但是小说劈头第一句话就告诉读者，主仆二人从哪里来，到哪里去，他们是怎么聚到一起的，都无须知道。这就也告诉读者，甭指望听一个完整的、有头有尾的故事，故事并不重要。这部小说和《拉摩的侄儿》一样，表现了作者思想深处的矛盾：一方面，作为哲学家，狄德罗相信世间万物的变化都有规律可循，都可以用理性来解释；另一方面，他从现实生活中又强烈地感觉到世事的纷繁复杂、不可捉摸，似乎真有一种宿命的力量在左右人生。雅克这个人物，单从名字看就是一个社会下层的小人物，这些人在很少向他们微笑的命运面前感觉到的无奈和无助往往使他们相信"宿命"，相信人的荣辱祸福都写在天上。然而也就是这个雅克，动不动就呼天抢地，忘掉了一个真正的宿命论者应该有的逆来顺受的态度。这是一个同小拉摩一样具有丰富内心世界的人物。

不过，小说引起二十世纪读者和批评家注意的，主要不是小说的思想，而是小说的叙事方式。小说的框架是一次旅行。这种结构在十八世纪的小说中司空见惯，比如伏尔泰的著名小说《查第格》和《老实人》就使用了这种结构。这是《堂吉诃德》以后西班牙小说的影响所致。狄德罗的小说的独特之处在于，它向旅途中的讲述者，即故事的第一叙事人的"造物"地位提出挑战，通过各种手段破坏故事的完整性和真实性，故意让故事穿帮，把"后台"暴露给读者，以此反复提醒读者，叙事人讲述的故事是人为的、虚构的，读者姑妄听之，不可当真。在作品中，第一叙事人反复跑到前台，通过与假想读者的对话，告诉读者故事的发展，故事的叙事角度、叙事节奏、叙事方式绝非只有一种可能，而是存在多种选择，这种选择对故事的形式和意义都会产生很大的影响，而这种选择并没有必须依循的"上帝之言"。从这里我们可以看出，狄德罗对于小说叙事的性质和作用已经有相当清楚的意识。

还应该看到，狄德罗对叙事性质和作用的思考包蕴了一层哲学含义，与整个作品的哲学意义是联系在一起的。从哲学角度说，叙事人反复申明的小说世界多重存在的可能，与主要人物雅克唠叨不止的宿命论恰成悖论，实际上成了对宿命论的一种间接否定。小说虚幻世界构成的多重可能，说明了它当下实际的存在形式只是一种偶然，在这种偶然面前，任何一种决定论或者宿命论都束手无策。更进一步说，雅克奉行的宿命论，不过是面对纷繁万象不断呈现的偶然形态所感到的困惑和迷惘，在困惑和迷惘之后，他以一种豁达的（或故作豁达的）姿态接受了偶然带来的结果。在这一点上，故事第一叙事人与雅克殊途同归。区别在于，叙事人以哲学家的身份出现，说明偶然是一种客观存在，而雅克以缺乏教养的农夫身份出现，把偶然归于超自然力量的意志。雅克的豁达，来源于一般民众普通的、常识性的却又具有悠长文化传统的认知力。

四

美学理论在十八世纪的欧洲发展很快，这得益于哲学思辨的活跃。然而在法国，尽管启蒙运动的发展使得法国思想成为整个欧洲思想的先锋，伏尔泰甚至被尊奉为欧洲思想界的"教长"，但是在思辨哲学方面，法国没有再出现笛卡儿那样的大师。有人说这个时期的法国哲学"肤浅"，"系统地与思辨相对立"，这样说有点言过其实，但是和英德两国相比，这个时期法兰西思想的重心确实向经验倾斜，向社会、政治、历史、宗教、道德等方面的实际问题倾斜，抽象的哲学思辨的色彩不是那么浓。"哲学"的意义变得十分宽泛，几乎与思想同义。

在这样一个背景下，狄德罗的美学论著《论美》就显得醒目突出。法国这个时期与美和美感相关的论文著作不少，较早有杜博的《诗画批评思考》[①]，与狄德罗的论文差不多同时的有孔狄亚克的《人类知识起源论》[②]、伏尔泰《哲学词典》中

---

① Du Bos, *Réflexions critiques sur la poésie et la peinture*.
② Condillac, *Essai sur l'origine des connaissances humaines*.

论"美"的条目等等，可是这些论著就专门性和思辨性而言，与狄德罗的《论美》都不可同日而论。狄德罗自己与美学相关的著作也很多，《画论》、为巴黎美术沙龙写的评论、《论戏剧诗》、《演员奇谈》等都很有学术价值，然而集中从哲学层面探讨美的性质的文章却只有《论美》。论文又名《关于美的根源及其本质的哲学探讨》，是为他自己主持的《百科全书》撰写的，刊载于《百科全书》第二卷。该卷于一七五二年初获准发行，编辑与印刷当在一七五一年，狄德罗的论文也应当写于同年。论文发表后得到了康德的赞赏，康德把它推荐给自己的学生哈曼，哈曼在《关于美与崇高的讨论》中写到这篇论文，认为"康德的看法可以与狄德罗为《百科全书》撰写的关于美的条目相提并论"。

论文思维缜密，推理严谨，概念清晰，说明这时狄德罗已经具备良好的哲学素养。有意思的是，在此之前，并没有迹象表明狄德罗探讨过美学问题①，而《论美》发表之后他也再没有发表其他专门讨论美学问题的论文，而《论美》引用的大量美学研究资料说明，作者对美学理论的历史和发展现状相当熟悉。有人据此怀疑论文是否真的出自狄德罗之手。然而怀疑归怀疑，并没有真凭实据。其实，狄德罗在《哲学思想录》和《论盲人书简》里就已经表现出了非凡的抽象思辨能力，《论

---

① 据保尔·韦尼埃尔的选本注，狄德罗曾经在一七四八年和一七五一年两次提出过"美在关系说"，可见他对这个问题已经有过思考，但并没有多加解释。

美》不过是他的这种能力在美学领域的一次实践罢了。

《论美》一如狄德罗的其他许多文章,是思想交锋的产物,因而具有强烈的论辩色彩。论辩的主要对手是英国哲学家哈奇逊。实际上哈奇逊只是看得见的对手罢了,他的背后站着一批美学家,他们组成了当时颇有影响的英国学派。其中就有哈奇逊的老师沙夫茨伯里。狄德罗曾经私淑沙夫茨伯里,从这个意义上讲,哈奇逊和狄德罗是同门弟子。不过,同门不一定同道。对自己的精神导师,狄德罗欣赏的是他的自然神论,是他溢于言表的热情,是他呼唤道德的执著,对他的"天赋道德观""天赋美感",狄德罗不敢苟同。此时离狄德罗翻译沙夫茨伯里的《功德与品德论》时间不算长,却也不算短,狄德罗在思想上已经有了不小的变化,与精神导师及其门徒在哲学的一些基本观念上分道扬镳,恰好证明狄德罗的哲学观(包括美学观)进入了一个新阶段。

美学的一个历史性难题是:美感来自何方?在这个问题上,哈奇逊和他的老师沙夫茨伯里的观点一脉相承。沙夫茨伯里在道德问题和审美问题上都主张"自然论"。所谓"自然论",就是说他认为人具备一双"内在的眼睛",能够"分辨什么是美好端正的、可爱可赏的,什么是丑陋恶劣的、可恶可鄙的。这些分辨既然植根于自然,那分辨的能力本身也就应是自然的,而且只能来自自然……"哈奇逊师承了沙夫茨伯里的思想,也认为人先天具有对美的感觉能力,这种感觉能力与人的其他感官相似,虽然人身体内没有任何一个感觉器官与之对应,但是人肯定先天具有一种感受美的生理机制。沙夫茨伯里把它叫作"内在感官",并且像传接力棒似的传给了哈奇逊。狄德罗不无讥讽地把它叫作"第六感觉"[①]。

《论美》矛头所指,"内在感官"当然首当其冲。针对"内在感官"说,狄德罗提出了著名的"美在关系"说。不过,"美在关系"这个命题并不是论文的全部,今天看来甚至也不是论文精华之所在。要理解《论美》在美学史上的意义,不妨先将"美在关系"说放在一边,看看狄德罗与哈奇逊的分歧究竟在哪里。事实上,哈奇逊等人并不否认美具有客观性质,狄德罗本人就说:"主张'内在感官'说的人把美理解为某种事物在我们的心里形成的概念……"可见哈奇逊等人是承认美感与客观事物的联系的。所谓"某种事物"究竟是什么呢?哈奇逊把它具体化为事物本身"一致与变化的复比例"[②],即"在多种物体统一性相等的地方,美就表现为多样性"[③]。由此观之,我们会觉得哈奇逊与狄德罗的观点差别不大,甚至相当接近。英国现代美学家鲍山葵说,美的"三种性质——稳定性、关涉性、共同性——都意味着审美态度有一个对象。我们说,

---

[①] "第六感觉"一词是否为狄德罗首先使用,待考。
[②] 引自朱光潜《西方美学史》(下卷),人民文学出版社,一九八二年,第二二二页。
[③] 引自吉尔伯特与库恩《美学史》(上),夏乾丰译,上海译文出版社,一九八八年,第三一七页。

情感是对某些事物具有情感"。① 这是大多数美学家的意见，包括以哈奇逊为代表的英国学派和以狄德罗为代表的法国唯物主义学派。

然而再进一步，狄德罗和哈奇逊的观点就不同了。哈奇逊认为，事物在我们心中唤起美感，形成美的概念，只有通过"内在感官"这个特殊机制才有可能。因此，审美感觉有别于一般的感觉，它在人的认知过程中走的是特别通道，一条神秘的通道。狄德罗评论说："似乎我们具有一种专门品尝此种快感的感官，似乎这种快感是个人性质的，似乎它和利益毫无共同之处。"这是狄德罗不能同意的。狄德罗从他的唯物主义哲学观出发，认为一切感觉都来源于经验，无论是美感还是其他什么感觉，都是通过感官经验获得的，这是人类获得知识的唯一途径，不存在例外，即使是审美感受，也不存在"某种隐秘和不可捉摸的东西"，认为审美快感"似乎与人们对于关系和感觉的认识毫不相干"是欺人之谈。

狄德罗认为，在审美感觉与理性判断之间并不存在哈奇逊所想象的鸿沟，二者是相通的。"秩序、配合、对称、结构、比例、统一"这些能够引发美感的概念"与其他概念一样，建筑于经验之上；我们也是通过感官获得这些概念的，即使没有上帝，我们也同样会有这些概念；它们的存在于我们心中远远

---

① 引自鲍山葵《美学三讲》，周煦良译，上海译文出版社，一九八三年，第三页。

先于上帝存在的概念。它们与长、宽、深、量、数的概念同样实在，同样清晰，同样明确，同样真实"。为了解释审美感受中的某些难以言说的现象，"内在感官"表现出了某种神秘主义倾向，把审美感受与人类一般的感觉经验割裂开，把美的概念与人类意识的其他概念割裂开，将审美认识与人类其他认识活动割裂开，高举理性主义和唯物主义这两面大旗的狄德罗当然觉得这种神秘主义的美学方向必须坚决扭转。他认为审美经验的研究应该是也只能是人类实践经验研究的一部分。这是狄德罗对美学史的重要贡献。

狄德罗在否定"内在感官"说之后，按照他的唯物主义哲学观，把美的根源定位于客观事物。在狄德罗之前，艺术家和哲学家们已经提出了某些现象具有审美品质，例如黄金分割的比例、均匀、对称、统一等等。但是狄德罗不满足于这些解释，他认为指出这些品质对"什么是美"这个问题只回答了一半，而且普遍适用性不强。他力图找出"一切物体所共有的品质"，这个品质"它存在，一切物体就美，它常在或不常在——如果它有可能这样的话，物体就美得多些或少些，它不在，物体便不再美了；它改变性质，美也随之改变……"寻找的结果，便是"关系"。他说："我把凡是本身含有某种因素，能够在我的知性中唤起'关系'这个概念的，叫作外在于我的美；凡是唤起这个概念的一切，我称之为关系到我的美。"这句话中的"知性"，原文是 entendement，亦可译作"理解"，

"理解力"①。简言之,如果事物包含某种东西,能够使"关系"这个概念出现在我对事物的理解中,此物便会在我的心中唤起美感。

这就是狄德罗的"美在关系"说。这个命题之所以显得含混不清,是因为它有一个盲点。对于事物与事物在我们意识中产生的概念之间存在根本区别,狄德罗是有清醒认识的。他说:"必须把物体所具有的形式和我对它们所抱有的概念这两者很好地加以区别。"既然如此,所谓"关系"究竟是"物体所具有的形式"呢,还是存在于我们头脑里的"概念"?狄德罗说:"一般说来,关系是一种悟性活动,悟性在考虑一个物体或者一种品质时往往假定存在另一物体或另一品质……"这么说,"关系"是精神活动的结果,属于意识范畴。然而他立刻又说:"尽管从感觉上说,关系只存在于我们的知性里,但是它的基础则在客观事物中……"这样说周全是周全了,但是"客观事物中"究竟是什么使我们产生美感,仍旧语焉不详。朱光潜先生正确地指出,在狄德罗以后的著作中,"关系"具体化为戏剧中的情境和绘画中的事物的内在联系和因果关系②。不过从美学层面说,这些情境和因果关系为什么能够引发美感,仍旧是个问题。狄德罗认为要鉴别美,就必须"看出和感觉到这个建筑物的各部分,这个乐曲的各个音,或是相互

---

① 朱光潜先生在《西方美学史》中就译作"理解"。
② 见朱光潜《西方美学史》(下卷),第二七七至二八〇页。

之间或是与别的物体之间构成某些关系"。可以看出，狄德罗所尝试的，只是一种概念的综合，将比例、统一等具体概念进一步抽象为"关系"。然而他却坚持说"关系"是一种客观存在，以便把"美存在于客观事物中"的观点贯彻到底。萨特曾经说过："是我们在世界上的存在形成了无数的联系，是我们使这株树与天空的一角发生了关系；有了我们，这个隐没千年的星座，月亮的这一区域，这条幽静的河流，才现身于一个统一的景色之中。"[1] 把"关系"作为一种客观存在的品质，而且认为这是一个普遍的存在，这显然是把"概念"当作"客观存在的形式"了。

百科全书派思想家们努力用唯物主义思想解说历史、社会、艺术、人生，狄德罗的《论美》正是建立唯物主义美学思想的一次尝试。由于人的审美经验的复杂性，由于历史条件的限制（例如心理学当时还远未建立），同时也由于百科全书派唯物主义中的机械论，狄德罗的美学思考有一些缺陷，这应该用历史的眼光来看待，不必苛责。另一方面，也大可不必因为狄德罗是伟大的启蒙思想家而勉强拔高"美在关系"说的历史价值。

法国十八世纪启蒙思想家大都被称为"哲学家"。"哲学

---

[1] 引自萨特《什么是文学？》（巴黎：1985），第五〇页。

家"这个词的含义在当时颇有点暧昧，在某些场合是一种尊称，专指知识渊博、思想深刻的学者，可是在某些场合这个词却带有或多或少的揶揄，那含义等同于"书呆子""不通世故""执拗"等等，狄德罗自己就在《雅克》里面嘲讽"哲学家"，而卢梭则多次对这个称呼敬谢不敏。不过无论他们喜不喜欢哲学家这个头衔，丝毫不妨碍后人坚持把他们看作哲学家，事实上，这些学者在西方哲学史上都占有一席之地，相比较而言，其中贡献最突出的，非狄德罗莫属，他以果敢的勇气和突破性思维，对哲学领域占主流地位的神学唯心主义发起冲击，为唯物主义哲学以后的发展开辟了道路。本文集收入了狄德罗的主要哲学著作，共分三卷，读者从中能够比较全面地看到这位思想家哲学理论的构建过程，以及启蒙时代欧洲思想的碰撞与博弈。这里需要简单说明的是狄德罗美学论著的处理。审美作为人与客观世界关系的一个重要纽带，必然纳入哲学的视域，因此美学与哲学是相通的，众多哲学家都对美学问题提出过深邃的见解，狄德罗就是这样一个杰出的美学家。然而另一方面，美学又与文艺学因考察研究对象的重合或部分重合而存在千丝万缕的联系，因而，本书把狄德罗的美学论著归为两部分：一部分，例如《论美》这样偏重于审美哲学问题思考的文章，收在哲学卷里；另一部分，例如《论戏剧诗》《画论》这样比较具体分析审美作品的文章，则收在文论中。

同样列为三卷的是狄德罗的小说。前文说过，文艺复兴以降，在史诗与戏剧之外兴起了一种类似寓言、笔记、随笔的文体，后人统称为"小说"，这种文体与唐宋文人笔下的传奇或者明清两朝形形色色的笔记有几分相似，具有自娱自乐的味道，表达了一种生活志趣、生存态度与一种生活方式。其后则潜藏着各种政治经济利益的纠葛，不同社会阶层与群体的矛盾冲突，甚至会或明或暗地牵涉到个人之间的恩怨情仇。不过，对于伏尔泰、卢梭、狄德罗这些启蒙哲学家而言，不论他们的小说作品给予我们多大的阐释空间，有一条主线是清晰明确、贯彻始终的，那就是他们刻意利用这种形式自由的作品，形象化地鼓吹自己的哲学观和社会理想。文集在选取狄德罗的小说时，这是一条基本遵循。同时如上文所述，狄德罗的小说作品除却这个特点，在小说的形式上，特别是叙述形式上，进行了自觉的探讨和革新。在这方面，《拉摩的侄儿》与《雅克》无疑最具代表意义，它们向读者展示了狄德罗小说的叙事特点，尤其是其叙事视角的现代性，这是选取作品的另一个重要遵循。这里需要单独提一下《修女》这部小说。《修女》在狄德罗的小说里，不但从篇幅规模来讲分量最重，而且它与其他多部小说作品不同，讲述了一个完整的故事，从表面风格上讲也比较特别，它与当时沙龙流行的叙事时尚很合拍，换句话说，似乎很投合主流社会的生活口味与审美情趣。读到这部小说，读者可能会产生些许困惑，不免怀疑这真是狄德罗的作品？如果你真有这样的疑惑，不妨读一读《修女》附录的法文版序，小说创作的来龙去脉在里面有详细的介绍。当然，如果我们当真把《修女》当作一部纯粹的游戏之作，那未免就天真了些，相信读者自会体悟其中深刻的社会内涵与思想价值。

狄德罗的戏剧单列一卷，我们将作家的三个剧本和两篇有关谈话收录在同一卷里，以便读者参阅。最后一卷以文论和随笔为主，文论包括作者主要的文艺论著。狄德罗的评论、时论、随笔等作品多而杂，我们针对国内读者的兴趣略取数篇以飨读者，狄德罗的个性与思想，启蒙时代的精神风貌都可以从中窥见一斑。

二〇二〇年二月

哲学思想录

罗芃/译

谁读这个?

佩尔西乌斯《讽刺诗》第一首

我写到上帝；我不指望有多少读者，也不奢望有多少人叫好。如果我的这些思想没有人喜欢，那么无非是它们不正确，但如果它们叫所有人都欢喜，那么我就认为它们简直面目可憎了。

一

人们不停地攻击感情，把人生痛苦一股脑儿算在感情头上，却忘掉了人生欢乐也样样来源于感情。感情是人机体的一部分，不必说它多么好，却也不必说它多么坏。叫我感到难过的是，人们总是从邪恶的方面看感情。但凡说感情一个好字，就仿佛亵渎了理性。然而唯有感情，唯有伟大的感情，才能提升心灵，完成伟业。不论在社会风俗中，还是在著书立说时，没有感情，便没有崇高。没有感情，艺术就回到孩提时代，道德就变得小气。

二

审慎的感情造就普通人。如果在祖国危亡之际,我坐等敌人到来,我就是一个普通公民而已。如果朋友遇难,我因此想到自己的死,我对朋友的情谊不过尔尔。如果我把自己的命看得比意中人要紧,那么我跟一般情人就没什么两样。

三

感情被抑制,再杰出的人也会失去光彩。约束会销蚀天性的高尚和力量。看看这株树,你能够在如盖的树荫下纳凉,多亏它枝繁叶茂;然而冬季来临,落叶纷纷,你的享受也就到头了。当迷信在人的气质上打下苍老的印记时,无论诗、画或音乐,都乏善可陈了。

四

有人对我说,拥有强烈的感情是福分。此言在理,问题是所有的感情要一致。在各种感情之间建立恰当的和谐关系,却又不害怕它们凌乱失序。倘若以忧虑平衡希望,以热爱生活平衡珍惜荣誉，以珍重健康平衡贪恋享乐，放纵、鲁莽和怯懦就会销声匿迹。

五

自愿毁灭感情，那简直蠢到极点。有的信徒像苦役犯似的折磨自己，要让自己无欲求、无爱好、无感受，到头来如果他做到了，那他肯定成了怪物！

六

在这个人身上我所欣赏的，到另一个人身上会变成我所厌恶的吗？当然不会。事实不以我的爱好为转移，它是我进行判断的尺度。在此人身上是德，到那人身上，我能看作罪？我会认为只有个别人能够行为纯正，既然这是自然和宗教对人不分你我的要求，当然更不会了。这些人凭什么如此得天独厚？假如帕克米乌斯①离群索居是对的，那么我学他就没有什么障碍。学了他，我就和他一样成为道德之士，我看不出成千上万的人何以不能步我的后尘。不过，要是一个地方的人因为觉得世事艰险，全都躲进森林，那就可观了。那样的话，这

---

① Pachomius（286—346），古埃及隐居修行的创始人。

地方的人为了成为道德之士，都活得像野人。社会情感崩圮，代之而起的是无数的纪念柱；一群柱头隐士①，为宗教丢弃自然情感，他们不再是活生生的人，为当基督徒而成为一尊尊石像。

七

怎样的声音！怎样的呼号！怎样的呻吟！谁把这些凄怨的行尸走肉锁进地牢？这些可怜虫究竟犯了什么罪？有人抓着石子捶胸顿足，有人用铁指钢爪撕裂自己的身体。个个眼睛里流露出悔恨、痛苦和死亡。谁让他们遭此大难？……是上帝，他们得罪了上帝……上帝是何许人？上帝是仁慈的神……一个仁慈的神怎么会以泪流成河为乐？难道恐惧不是对他慈悲心怀的亵渎？如果罪人需要平息暴君的怒火，此外他们还能做什么？

八

有人对上帝谈不上畏惧，而是害怕。

---

① 古代在柱头等高处修行的隐士。

九

若依了人们描绘的最高存在①的图影,最高存在的秉性,以及他听任其死亡与纡尊救助的两类人的对比,最正直的心灵也会希望这样的最高存在最好不存在。如若这世上每个人对他人不必存戒心,那么大家都会平平安安:没有上帝,从来不曾叫人害怕;倒是有了上帝,有人们描绘的这个上帝,叫人不寒而栗。

十

不要把上帝想象得太好,也不要想象得太坏。正义介于极端怀柔与极端残酷之间,有限处罚介于不予处罚与永久处罚之间。

十一

我知道一般情况下,那些最阴沉的迷信思想,人们赞同但并不遵循。有些信徒并不认为爱上帝就得恨自己,当教徒就得生活在痛苦中。他们虔诚,但高高兴兴;他们聪明,但有情有义。大家拜倒在同样的祭坛下,为什么感情有差异?莫非宗教感情也服从可恶的性情规律?唏,非此而何?就在同一信徒身

---

① 即上帝。

上，性情的作用就表现得再分明不过，由于作用大小不同，信徒眼中的上帝或睚眦必报，或悲悯仁慈；他看到的或是地狱幽暗，或是天门洞开；他忽因恐惧而颤抖，忽因爱而热血沸腾。这就好比冷热病，忽而冷如冰窟，忽而热如炭火。

十二

是的，我支持这样一种观点，对于上帝，迷信比无神论更有害。普鲁塔克说："我宁可人们以为这世上未曾有过一个叫普鲁塔克的人，也不愿意他们说普鲁塔克邪恶、易怒、言而无信、嫉妒成性、气量窄小，总之是一个听上去很糟糕的人。"

十三

能够和无神论者比试的只有自然神论者，迷信者根本不在话下，他所谓的上帝不过是一个想象物。除了物质问题，这个上帝还面临由各种错误概念引发的难题。对于瓦尼尼，对付柯某、沙某，比对付尼古拉和帕斯卡尔之流难上千百倍[1]。

---

[1] 瓦尼尼（Lucilio Vanini, 1585—1619）是意大利无神论哲学家。据《哲学思想录》最初版，柯某和沙某系指英国自然神论者柯德华兹（Ralph Cudworth, 1617—1688）和沙夫茨伯里。尼古拉（Pierre Nicole, 1625—1695）是法国神学家，詹森派代表人物。

十四

帕斯卡尔为人正直,但是胆小、轻信。这个典雅的文人,深刻的思想家,他原本肯定有能力阐释世界,可惜天意让他落到了某些人手中,这些人为私仇而耗尽了他的才华①。他当时让神学家们去解决他们自己的争端该多好,他可以运用上帝赋予的智慧投身于真理的探寻,既无保留,也不必担心触犯上帝,更希望他不曾把那些连当他的弟子都不配的人尊为师长。我们可以把天才的拉·莫特说拉封丹的话用在帕斯卡尔身上:"他真傻,居然认为阿尔诺、德·萨希和尼古拉比他强②。"

十五

"我告诉你,根本就没有上帝,上帝创世是一种妄想,世界的永恒性并不比一个人的永恒性更不合常理③。运动有效地

---

① 帕斯卡尔曾著《外省人书简》为詹森派辩护。此处显然指责詹森派不该撺掇帕斯卡尔打笔战为他们辩护。
② 拉·莫特(François de La Motte Le Vayer,1588—1672)是法国哲学家,思想开放,曾担任路易十四的老师;阿尔诺(Antoine Arnauld,1612—1694)是神学家、逻辑学家和哲学家,詹森派的代表之一;德·萨希(de Sacy,1473—1525)是法国神学家,詹森派的代表之一。
③ 教会认为只有上帝是永恒与无限的,作为上帝造物的世界不可能永恒,也不可能无限。

维系世界，至于它如何创造了世界，我想象不出，可是因此假设存在一个我更想象不出的东西，用来解决问题，那就太可笑了。倘说物质世界的奇特现象证明有某种智慧存在，那么精神世界的混乱则使任何天意都化为乌有。我告诉你，如果一切都是上帝创造的，那么一切都应该尽善尽美，因为如果一切不是尽善尽美，那么上帝不是无能就是不怀好意。因此，对上帝的存在我不甚了了，这是一片好意。既然如此，你的那些道理与我何干？如果多少可以证实，任何一种恶都源自一种善，最好的王子不列塔尼库斯遇难是好事，最坏的人尼禄登上王位也是好事，那又如何才能证明不用同样的方法便不能达到同样的目的？① 即便说容忍罪恶是为了彰显道德之光，其益处也微不足道，其弊病却是有目共睹。"无神论者说，以上是我对你的反驳，你如何回答？……"我是罪人，如果我没有惧怕上帝的地方，我就不会否认上帝存在。"这话还是留给布道者说去吧。这话与真理相悖，从礼貌说也不合适，还显得不够仁义。难道一个人不信上帝，我们就有理由辱骂他？骂人是因为理屈。两人争辩，一百比一的打赌几率是输理的一方要发脾气。梅尼普斯对朱庇特说："你不回答却祭起雷电，因此你错了。"②

---

① 不列塔尼库斯是罗马皇帝克劳狄乌斯的儿子，尼禄是克劳狄乌斯的养子。后来尼禄继承了王位，毒死了不列塔尼库斯。
② 事见吕西安《理屈词穷的宙斯》，说这话的是契尼斯科斯，而不是梅尼普斯。契尼斯科斯责备宙斯作恶，宙斯不回答，却用雷电相威胁。

十六

一天,某人被问及是否有真的无神论者,此人答道:"以你之见,有没有真的基督徒呢?"

十七

形而上学的全部空话,抵不上一条有针对性的论据。要说服人,有时候只需唤醒他肉体或精神的感觉。向一个皮浪①主义者证明他不应该否定自身的存在,只消一根棍棒。卡尔图什②手里掇着枪,就可以给霍布斯③类似的教训:"要钱还是要命,这里只有你我二人,我是强者,你我之间无公道可言。"

十八

无神论受到的重击,并非来自形而上学之手。马勒伯朗士与笛卡儿的高论对唯物主义的撼动,还不及马尔皮基的一次考

---

① Pyrrho(前365—前275),古希腊怀疑论的代表,认为宇宙中一切有机物都在不断变化更新,人只能认识其表象,不能认识其本质。人的思想充满矛盾和错误,感官所感均为幻觉,永远不能达到真理。
② Cartouche(1693—1721),法国著名的强盗。
③ Thomas Hobbes(1588—1679),英国哲学家,在社会观上主张"自然法",放弃无限的占有欲,与他人分享权利。

察。如果说唯物主义这个危险学说如今动摇了的话，功劳应该归于实验物理学。存在一个至高无上智慧实体的充足证明，我们是在牛顿、穆申布洛克、哈特索科和纽文蒂特的著作中看到的①。有了这些伟人，世界才不再是一个神，而是一架机器，有齿轮、绳索、滑轮、弹簧和悬锤。

十九

本体论的巧思，至多造就了一批怀疑主义者。真正自然神论者的出现，应该归功于对自然的认识。单单病菌的发现，就足以叫无神论最有力的一个异议化为灰烬。运动对物质而言，无论是本质的还是偶然的，我现在都相信其结果最终是进化：种种考察都说明，腐烂本身并不产生任何有机物。最不起眼的昆虫，其机制之奇妙，都不比人逊色，这个说法我很同意。我不怕有人因此推论说，既然分子的内部运动生成了昆虫，那么同样生成了人也未可知。两百年前就有一个无神论者提出，有一天也许能看到人完全成形地从地球深处冒出来，就像我们看到一群虫子从一块腐肉中孵化而出一样。我很想知道形而上学

---

① 马勒伯朗士（Nicolas Malebranche, 1638—1715）是法国哲学家，马尔皮基（Marcello Malpighi, 1628—1694）是意大利生物学家、解剖学家，穆申布洛克（Pierre van Musschenbroek, 1692—1761）是荷兰数学家，哈特索科（Nicolas Hartzoecker, 1656—1725）是荷兰哲学家、物理学家，纽文蒂特（Bernard Nieuwentyt, 1654—1718）是荷兰数学家。狄德罗的引证并没有多少根据。

者如何回答他。

二十

我曾经徒劳无益地运用经院哲学的妙论去诘难一位无神论者,他反倒利用这些观点的瑕疵对我进行了有力驳斥。他说:"大量空洞的真理被你说得天花乱坠,但是上帝的存在,善恶的实在,灵魂的不朽,对我说来依旧是问题。怎么,弄清这些问题,难道不如相信三角形三个角之和等于两个直角和来得重要?"此人巧舌如簧,叫我一点点尝到了他思想的辛辣。正当他为初战告捷而得意之际,我重整旗鼓,提出一个在他看来很古怪的问题……我问他:"你是一个能够思想的生命吗?""你对此还有什么怀疑?"他回答,一副踌躇满志的样子。凭什么不怀疑?我看到什么可以说服我的东西了?声音?动作?哲学家从动物身上也发现声音和动作,但是他认为动物没有思想能力。笛卡儿拒绝赋予蚂蚁的东西,我凭什么要赋予你?你的外在行为的确迷惑我,让我倾向于肯定你的思想,但是理智阻止了我的判断。理智对我说:"外在的动作与思想之间不存在本质联系,和你谈话的人可能和他的表一样不会思想。难道你第一个教谁说话,就得把他当作会思想的生命?谁告诉你,那么多人中间没有瞒着你训练出来的鹦鹉?""你的比喻充其量有一点巧智,"无神论者答道,"判断一个生命是否会思考,不是根据动作和声音，而是看他的观点是否成条理，命题是否前后一致，论证是否连贯。倘若一只鹦鹉能够回答所有的问题，我会毫不迟疑地说它是一个会思想的动物……可是，这和上帝存在与否有什么关系？难道你证明了我以为最聪明的人不过是一个自动机械，我就会承认自然之中有一种智慧存在？……"我回答说，那是我的事，不过你得承认，否认你的同类有思想能力，那未免荒唐。"那当然。可那说明什么呢？……"那说明，如果世界——说世界干什么，如果蝴蝶翅膀就一种智慧提供的迹象，比起你关于你的同类具备思想能力这一点所掌握的证据要明显千百倍的话，那么否认上帝存在，就比否认你的同类具备思想能力荒唐千百倍。话又说回来，即便果真如此，我依据的还是你的思想，你的意识：你是否注意到，不管什么人，他的言论、行为和举止，与昆虫的机制相比，都更聪慧、更有序、更明智、更合理？神性在小虫的眼睛里清晰可辨，思想能力在牛顿的著作中不也同样清楚？怎么，对一个智慧的存在，现实世界的证明难道还不如理论世界充分？……真是岂有此理！……你答道："不过，我愿意接受他人的思想能力，主要是因为我自己在思想。"瞧，这便是我完全没有的自负，这一点我同意。不过，我的证据比你的高明，这不是对我的补偿吗？自然界的种种造物证明了最高存在的智慧，难道不比哲学家在书里证明的思想能力更高明？所以，想想吧，我本可以拿整个世界的重量压倒你，不过我只拿蝴蝶的翅膀和小虫子的眼睛就已经足矣。要么是我大错特错，要么这个证据就不比学校里教的最精彩的证据逊色。我接受上帝的存在，根据就是这样一个论证和其他一些同样简明的论证，而不是那些枯燥的形而上学观念，这些观念非但揭示不了真理，反而把真理搞得像谎言。

二十一

我打开一位著名教授①的笔记本，上面写道："无神论者，我同意你们说的运动对于物质是本质的，不过你们从这里得出什么结论？……结论是世界来自原子的偶然流动②？既然如此，我希望你们还对我说荷马的《伊利亚特》和伏尔泰的《亨利亚特》是来自词汇的偶然流动。"换了我，我不会对无神论者说这样的话，拿两件事这样作比，会授人以柄。无神论者会对我说："按照命运分析的法则③，一件可能发生的事发生了，我丝毫不奇怪。事情虽然难，但是流动多了，也就把难度抵消了。拿十万颗骰子投十万个六点，赢的次数应该不在少数。我偶然创作《伊利亚特》，不管人家建议我用多少词，词流动的

---

① 指博韦学院的哲学教授里瓦尔（D. F. Rivard）。
② 古希腊的一种学说，由留基波和德谟克利特创立，认为世界由流动的原子构成。
③ 据狄德罗《哲学著作选》（加尼埃出版社一九五六年版）第二十二页注，狄德罗这里说的"命运分析"是指帕斯卡尔创立的概率论。

次数毕竟有限，因此在这件事里我处于优势。如果允许的流动次数是无限的，那么我的优势也是无限的。"他或许会继续说："你愿意赞同我的意见，物质存在是永恒的，运动对于物质是本质的。作为对你的善意的回报，我可以赞同你，设想世界没有边界，原子无限多，这状况出人意料，却无处不应验。然而，我们彼此赞同，得出的结论就只能是，偶然创造世界的可能性非常小，但是原子流动的次数是无限的，就是说，事情的困难为流动的次数绰绰有余地抵消了。所以，如果有什么与理性背道而驰，那就是这样一种假说，认为物质虽然永恒运动，在无限的可能的组合中虽然可能有无限令人赞叹的安排，但是在物质无限多的组合中，令人赞叹的安排一次也不会出现。所以，人们惊诧的，与其说是世界产生了，不如说是关于混沌要继续下去的假说。"

二十二

我把无神论者分为三类。有人直截了当地说根本没有上帝，而且他们实实在在这么想，这是真正的无神论者；相当多的人不知道该怎么想，对问题的回答模棱两可，这是怀疑主义无神论者；更多的人是觉得最好没有上帝，表面上却好像确信没有上帝，还以这副样子生活，这是大吹大擂的无神论。我讨厌大吹大擂的人，他们虚伪；我同情真正的无神论者，我觉得他们失去了一切慰藉；我为怀疑主义者祈祷上帝，他们需要光明①。

二十三

自然神论肯定上帝存在、灵魂不朽以及灵魂不朽带来的结果。怀疑论者对这些问题不置可否，无神论者则持否定态度。所以，就做一个道德之士而言，怀疑论者比无神论者多一条动机，比自然神论者少几条理由。少了对立法者的畏惧，少了性情特点和对道德现实益处的认识，无神论的公正便失去了基础，而怀疑论者的公正则建立在"或许"之上。

二十四

怀疑论并不适合所有人。怀疑论需要对问题做深入而无私的研究。仅仅怀疑，却不了解他人之所以相信的理由，这不过是无知罢了。真正的怀疑论者重视而且考察这些理由。考察理由并非小事。我们有谁确切了解这些理由的价值？同一个事实，证据可以有上百种，每一种都有人支持。人人都有自己的望远镜。在你眼里微不足道的意见，在我看来有千钧之力：你

---

① 上帝带给人光明，但这里"光明"有双关意义，法语中"光明"又有启蒙的意思，意谓给思想带来光明。

觉得是泥丸,我觉得是大山。既然我们在其固有价值上各持己见,在其相对重量上又如何能够达成一致?你说说看,为了反对一个思辨结论,需要多少思想材料?究竟是你的眼镜不准还是我的眼镜不准?既然考察那些理由殊非易事,既然没有一个问题没有正反方,而且正反方几乎总是势均力敌,那么我们凭什么迫不及待下结论?我们的口气凭什么这么斩钉截铁?我们难道不曾无数次发现,自以为是的满足叫人厌烦?《随笔集》的作者[①]说:"把那些可能是事实的事情说得确凿无疑,这些事就叫我讨厌。我喜欢那些让鲁莽的断言变得平和、有分寸的词,诸如'间或''一点也不''有时''听说''我想'等等。如果让我来教育孩子,我会让他们以讨论的而不是决断的方式说话:'怎么说呢?''我不明白。''可能是。''果真如此?'我希望他们年届六十依然如初学,而不要刚满十五岁就俨然满腹经纶。"

二十五

什么是上帝?这个向孩子提的问题,哲学家要回答也费劲。

我们都知道孩子应该到什么年龄开始识字、唱歌、跳舞、

[①] 指蒙田。他是西方散文这种文体的创立者,原文 Essais,汉语也译作"杂文",意为"尝试""试笔"。狄德罗的引文与蒙田原文略有出入,详见《随笔集》中《论跛子》一文。

学拉丁文、学几何，可是在宗教问题上，却从来不考虑孩子的能力。孩子刚懂事就问他：什么是上帝？与此同时，从同一个人嘴里，孩子知道了有精灵，有鬼魂，有狼人，还有一个上帝。我们使劲把一个最重要的事实灌到他脑袋里，结果有一天反倒让这个事实在他的理性法庭前失去价值。待孩子长到二十岁，他的头脑里上帝的存在与大量可笑的迷信观念掺杂在一块，他开始不相信上帝存在，看待上帝的存在就像法官看待一个偶然与二流子为伍的贵族，那么这又有什么奇怪的呢？

二十六

别人和我们谈上帝谈得太早。另一个失误是，对上帝的在场却又强调得不够。在人与人之间，上帝被驱逐了，他留在神殿里，殿堂的四壁挡住了他的视线，殿堂之外没有他的影子。你们好糊涂，快把禁锢你们思想的樊篱推倒，把上帝扩展开。要么无处不见上帝，要么认为根本没有上帝。倘使我来教育孩子，我就教他以上帝为真实伴侣，这样对他来说，成为无神论者的代价比离开上帝的代价或许更小。我不会拿另外一个人让他效仿，有时候这个人在他看来还不如他。我会断喝："你的话上帝听着呢，你撒谎了。"年轻人被打动，易于通过感官，所以我要让上帝在场的印记历历在目。如果他在我家举办聚会，我会给上帝留一个位子，我要让他养成习惯说："我们有四个，上帝，朋友，师傅，还有我。"

二十七

无知和没有好奇心是两个无比软和的枕头；但是要想真有这样的感觉，那非得有蒙田一般聪明的脑袋瓜不可的。①

二十八

思想沸腾、想象力炽热的人，和怀疑论者的无为难以相容。这些人宁可孤注一掷，也不肯放弃选择；宁可失误，也不肯生活在不确定中。他们要么是信不过自己的臂力，要么是害怕水深，总之我们看见他们一直吊在枝杈上，明知枝杈不结实，却情愿悬着，不肯投身激流。尽管他们事事不做周密考察，却凡事都有主见：他们对什么都不怀疑，因为他们既没有耐性，也没有胆量。他们拘于一管之见，即便偶然发现了真理，那也是倏忽所得，仿佛天赐。对独断主义者来说，他们就是信徒中所谓受到点化的人。我就见过一些人是属于这个不安

---

① 蒙田《随笔集》第三卷第十三章："啊，无知和没有好奇心好比枕头，多么柔软温柔，而且有益健康，供聪明的脑袋在上面休憩。"据保尔·韦尼埃尔的注本，狄德罗引用的更像帕斯卡尔改写的句子："无知和没有好奇心是为聪明头脑准备的两个软和的枕头。"（见《与德·萨希的谈话》）

分的族类的,他们想不通怎么能把思想的平和与犹豫不决相结合。"想要生活幸福,却又不知道自己是什么人,从哪里来,到哪里去,人为什么到了世上!"怀疑主义者冷静地回答:"我很得意不知道这一切,却并没有觉得自己不如别人幸福。我向我的理智叩问我的生存状态,我的理智一言不发,这不是我的过错。我一辈子不会知道我不可能知道的事,我不难过,我干吗要把我不可能获得的知识挂在心上?既然我得不到,那就是说这些知识对我来说并非必需。"当代最伟大的天才说:"看来我还得为自己没有两双眼睛、四只脚和一对翅膀而正经愁苦一下了。"①

二十九

可以要求我寻找真理,不能要求我找到真理。一种诡辩就不会比一个确凿的证据更让我心动?尽管是假,但如若我认为真,我必须认可;尽管是真,但如若我以为假,我必须丢弃。倘若错得无心,何惧之有?在另一个世界里,既然不会因为我们在此世智力好而得褒奖,那又怎么会因为我们在此世智力差而挨惩罚?因为一个人不善思考而惩罚他,那是忘记了他不过是弱者,而把他当坏人对待了。

---

① 伏尔泰在《哲学书简》第二十五封里说:"看来应该为没有四只脚和一对翅膀难过呢。"

三十

什么是怀疑论者？怀疑论者是这样一位哲学家，他现在相信的，当初都曾经怀疑过。凡经自己的理性与感官的合理运用而证明是真实的，他就相信。你还需要什么更确切的说法？叫皮浪主义者实话实说，那就是怀疑论者。

三十一

从来不曾成为问题，等于根本不曾被证实。丝毫不曾得到无成见的研究，等于从来不曾得到认真研究。因此，怀疑主义是走向真理的第一步。它应该具有普遍性，因为它是真理的试金石。如果哲学家为了证实上帝的存在，首先怀疑上帝的存在，那么还有什么命题可以逃脱这样一种检验？

三十二

什么也不信有时候是傻瓜的毛病，轻信则是智者的毛病。智者目光远大，看见广阔的可能性，傻瓜却看不见任何可能性，除非是现实存在。傻瓜之所以怯懦，智者之所以莽撞，道理盖出于此。

三十三

过分相信和过分不信同样危险。成为多神论者和成为无神论者,两边的风险谁也不多,谁也不少。惟有怀疑论,无论何时何地,都可以规避对立的两个极端。

三十四

半吊子怀疑论是思想软弱的标志,它暴露出一个被结果吓坏的怯懦的推理者,一个以为给自己的理性套上枷锁就是敬奉上帝的迷信者,一个不敢向自己暴露真面目的无信仰者。因为,如果就像半吊子怀疑论者坚信的那样,真理不怕检验,那么对仿佛置于他不敢靠近的神殿一样置于他头脑某个旮旯里,他不敢探究的那些重要概念,他心底里究竟是怎么想的?

三十五

对不敬神的斥责不绝于耳。不敬神的,在亚洲是基督徒,在欧洲是穆斯林,在伦敦是罗马天主教徒,在巴黎是加尔文教徒,在圣雅克街的那头是詹森派,在圣梅达尔区的腹地是莫利纳派①。不敬神的究竟是谁？普天下的人都不敬神，还是没有人不敬神？

三十六

信徒们对怀疑论群起而攻之，我觉得他们不甚明了自己要什么，除非他们是自相矛盾。假如信奉一个真实的信仰，或者抛弃一个虚假的信仰，所需要的无非是透彻地了解它，那么一种普遍的怀疑精神在这世上传播确实可喜可贺，各国老百姓希望对自己的宗教的真相问个究竟确实可喜可贺：传教士们会发现，他们的工作已经完成大半。

三十七

一个人假如未经选择，就保留了由教育而得的信仰，那么他是基督徒或是穆斯林，比先天不瞎不瘸多不了几分自得。不瞎不瘸是幸运，不是荣耀。

_____

① 据保尔·韦尼埃尔注，狄德罗影射的不是圣雅克街上的索邦大学，而是同在这条街上的路易大帝中学，那里是詹森派的死敌耶稣会的堡垒。圣梅达尔区指圣马塞尔区，那里有圣梅达尔教堂，多詹森派的信徒。

三十八

明知一种信仰是虚假的,还要为其献身,那多半是疯了。

为一种虚假但自以为真实的信仰,抑或一种真实但并无证据的信仰献身,是狂热。

真正的殉道者是为一种真实而且其真实性得到证明的信仰献身的人。

三十九

真正的殉道者等待死亡,狂热者奔向死亡。

四十

在麦加,倘若一个人跑去羞辱穆罕默德的遗骸,掀翻穆罕默德的祭坛,把整个清真寺闹得天翻地覆,那么受桩刑①是一定的,名垂青史却未见得。这种狂热已经不再时兴,波利厄克特②放在今天不过是个丧失理智的人罢了。

---

① 旧刑法,以削尖之木桩自下而上刺入身体。
② Polyeucte,古罗马时代的殉教者,法国十七世纪著名剧作家高乃依以他的事迹创作了悲剧《波利厄克特》。

四十一

显灵、奇迹、特殊使命的时代已经过去,基督教不再需要东拼西凑。一个人心血来潮,要在我们中间当约拿①,在大街小巷边跑边喊:"还有三天巴黎就不存在啦,巴黎市民们,赶快忏悔吧,披上麻袋,抹上香灰,否则三天后你们就遭殃啦。"他立刻会被抓起来拖上法庭,法官不把他送进疯人院才怪。他再怎么喊"父老乡亲们,上帝爱你们难道不如爱尼尼微人么?你们的罪过难道比尼尼微人小么?",那也是白费力气,大家才不高兴回答他呢。大家也不会等到他预言期限到了再认为他是妄想狂。

以利亚②只要愿意,尽管从另一个世界回来好了。人就是这样,有如以利亚,在另一个世界受到善待,就会做出伟大的神迹。

四十二

当这儿有人向人民宣布与正统宗教相抵触的一种教义,于

---

① 《圣经》中的希伯来先知,曾劝尼尼微(现伊拉克摩苏尔一带)人改恶从善,尼尼微人听从了他的劝告,上帝便没有惩罚他们。
② 《圣经》中的犹太先知,有许多神迹,后随风升天。十八世纪曾有多人自称以利亚的化身。

社会祥和不利的某种事实，即便他以神迹为自己正名，当局也有权严惩不贷，老百姓也有权高呼"钉上十字架"。倘若听任公众的头脑被骗子或者妄想狂的梦幻所愚弄，什么样的事不会发生？如果耶稣基督的血激起反犹太人的呼声，那是因为犹太人在让耶稣基督流血的同时，对摩西和先知的话一律充耳不闻，摩西和先知们都曾宣布耶稣是救世主啊。即便天使自天而降，大显神迹让人们相信他的话，但倘若他的话与耶稣基督背道而驰，那么保罗①还是要大家诅咒他。所以评价一个人的使命，不是通过神迹，而是看他的理论与他自称受委派为之效力的人民的理论是否一致，当人民的理论已经被证明是正确的时候尤其如此。

四十三

关于治国，一切改革均令人担忧。基督教可算最正派、最温和的宗教了，其确立也未能免除混乱。教会最早的子民曾经不止一次把节制和忍耐之规抛诸脑后。我斗胆引用尤利安②皇帝敕令中的片言只语，这位哲学家君王的天赋和当时信徒的狂

---

① 指圣保罗，早年反对耶稣，后受天启，成为耶稣门徒，热情传道，最后被罗马皇帝尼禄所杀。
② Flavius Claudius Iulianus（331—363），罗马帝国皇帝，在位仅三年。下文所引文字，实出于尤利安的一封信。

热性格从中可见一斑。

"我曾想,"尤利安说,"加利利人①的头领能够感觉到我的方略与前朝的区别有多大,他们会对我感恩戴德。前朝时,他们饱尝放逐和牢狱之苦,在他们中间被称为异端的人很多成了刀下鬼……在我的统治下,召回了流亡者,释放了犯人,归还了遭放逐者的财产。但是这伙人的惶恐和激愤太强烈,所以自从他们失去相互残杀的特权,失去不论是依附他们教义的还是信仰法律允许的宗教的,都妄施刑罚的特权,他们便不惜采取任何手段,不放过任何一个煽动造反的机会。他们并不在乎真正的信仰,也不把国家法度放在眼里……不过我们无意把他们拖往我们的祭坛,也无意以暴力相加……至于一般草民,似乎是头领向他们灌输的反叛思想,这些头领对我们限制其权力恨得咬牙切齿,我们把他们从法庭赶走了,他们再也不能随心所欲地处置遗嘱,剥夺合法继承人的权利,侵占遗产……所以我们禁止这群百姓聚众滋事,或群聚于叛逆祭司的家中……我们的官吏多次遭到了暴民的羞辱和石块的袭击,但愿该敕令能够保障他们的安全……希望百姓安静地去往头领家,在那里祈祷、学习,践行从头领处学到的信仰。我们准许他们这样做,但是他们必须停止犯上作乱……如若他们集会是要伺机作乱,那他们必须承担一切后果,我已经警告过他们……你们这些不

---

① 即耶稣的信徒。

信神的百姓，和平地生活吧……而你们，忠实于国家宗教和父辈的神明的人，不要迫害你们的邻居、同胞，他们的凶恶固然应该遭到诅咒，但是他们的无知更值得同情……把人引向真理，靠的是理智，而不是暴力。忠实的臣民们，我们和你们全体在一起，让加利利人休养生息吧。"

这就是这位君主的心里话。我们可以责备他思想异端，但不能责备他背叛。他早年曾经师从多门，就读于不同的学堂，成年后做出了错误的选择，他不幸地决定信奉祖先的宗教，以及祖国的神明。

四十四

有一件事情我很感诧异，这位博学皇帝的著作居然流传至今。这些书的某些论述，对基督教真理毫发无损，却令当时某些基督徒如芒刺在背，所以他们接受了教父们的影响，对敌人的书必毁之而后快。伟大的圣格里高利[1]显然承继了这些先行者的野蛮热情，对文学和艺术大加挞伐。如果什么都依了这位教皇，那么我们就会像伊斯兰教徒，除了《古兰经》，别无可读。因为，在一个误解宗教原理，以为遵循语法规则就是以多纳图斯[2]来压耶稣，真心以为彻底摧

---

[1] 指教皇格里高利一世（540—604）。
[2] Aelius Donatus，约活跃于公元四世纪的修辞家和语法学家。

毁古代文化自己责无旁贷的人手里,古代作家会遭到怎样的命运?

四十五

不过,《圣经》中的上帝在书中并不是一个描画得十分清晰的人物,所以圣史学家的权威未能完全脱离世俗作者的记述。倘若非要在《圣经》的形式上寻找上帝的意旨不可,那我们会陷入怎样的境地?《圣经》的拉丁文本是何等蹩脚?即令是原版,也谈不上是好文章。先知、使徒、传道者,他们的书写都依照他们对《圣经》的理解。如果仅仅以人类精神产物来看待希伯来人的历史,那么摩西及其后继者就不见得胜过李维乌斯、萨卢斯特、恺撒、约瑟夫斯①,对这些人,应该不会有人猜疑他们光凭灵感著书。不是有人喜欢耶稣会士白吕耶②胜过喜欢摩西么?我们教堂里的一些藏画,大家断定是天使之笔,甚至是上帝之笔。假设这些画出自勒苏厄或者勒布伦③之手,我以什么反对历史悠久的旧观念?也许什么也没有。不过

---

① 李维乌斯和萨卢斯特均为古罗马史学家。恺撒为古罗马军事家和政治家,但亦著有《高卢战记》等历史著作。约瑟夫斯是古罗马犹太史学家。
② Isaac-Joseph Berruyer(1681—1758),法国历史学家,著有《上帝子民的故事》,此书受到教会的抨击,但受到公众欢迎。
③ 勒苏厄(Eustache Le Sueur,1617—1655)和勒布伦(Charles Le Brun,1619—1690)均为法国画家。

我品玩这些圣画，每走一步都发现不论构思还是用笔都有违绘画法则，艺术真实抛弃殆尽，我既然肯定不能设想画家无知，那就只能指责旧观念荒诞无稽了。若不是我知道《圣经》的内容讲述得好坏并不重要，我岂会不拿这些圣画来对照《圣经》？先知们引以自傲的不是讲得好听，而是讲了实话。使徒们牺牲不是为了他们所言所记句句属实，还能是其他什么？但是，回到我们讨论的问题，保存世俗作者的书，后果是不是有点严重？至少在耶稣基督的存在和神迹上，在本丢·彼拉多①的品质和性格上，在最早基督徒的行为和苦难上，世俗作者是不应该与教会作者不一致的。

四十六

你说："全民族都是这件事的见证人，你敢否认？""我敢，只要一个非你同党之人未以他的权威加以证实，而且我也不清楚此人于狂热和蛊惑之道是否在行，我就敢。一位公认秉直的作者对我说，某市城中地裂见沟，求问神明，答曰把人最宝贵的东西投入，深沟自闭。一位勇敢的骑士纵身跳入，预言成了现实。这种话远不如说出现一道深沟，耗时耗力甚多才将沟填平这样的话可信。一件事越是缺少真实性，历史的记述就越是

---

① Pontius Pilate（？—41），罗马帝国驻犹太总督，听任犹太人处死耶稣，同时洗手表示与己无关。

苍白无力。但凡有一位绅士对我说，国王刚刚打败了结盟之敌，大获全胜，我就深信不疑；而即使全巴黎人向我保证帕西有人死而复活，我也完全不信。史学家骗人，举国人受骗，这都算不上什么奇迹。"

四十七

塔奎尼乌斯计划在罗慕洛斯[1]建立的骑兵中增加新军团，占卜官对他说，对军队的任何改变倘无神的授权，都是对神的亵渎。祭司[2]如此直言，塔奎尼乌斯很生气，决意给他一个难堪，拿他开刀，叫他这种妨碍国王权威的本领变为笑谈。他把祭司召至广场，对他说："占卜官，我现在所想之事有可能么？你的本事倘如你吹嘘的那样，你就应该能够回答我。"占卜官毫不惊慌，他求问于他的鸟，然后答道："大王，你想的事有可能。"于是塔奎尼乌斯从长袍下掣出一把剃刀，又拣了一块石头放在手心。他对占卜官说："上前来，用剃刀把石子切开，我刚才想这能做到。"纳维乌斯——这是占卜官的名字，转身望着老百姓，语气坚定地说："用剃刀切吧，如石子不应声而碎，我宁愿受死。"大家看到，坚硬的石子出乎意料地在刀锋下裂开了，它碎得这么快，剃刀竟割到塔奎尼乌斯的手，

---

[1] 塔奎尼乌斯是罗马王政时代的第五任君主。罗慕洛斯传说是罗马城的缔造者。
[2] 在古代罗马，祭司兼司占卜。

渗出血来。惊愕的老百姓发出欢呼。塔奎尼乌斯放弃了自己的计划，宣布自己是所有占卜者的保护人。人们把剃刀和碎石子收藏在一个祭坛下面，还为占卜官立了塑像，到奥古斯丁时代塑像还在。不论世俗古籍还是圣古籍都证实确有其事，在拉克坦提乌斯[①]、哈利卡尔那索斯的狄奥尼西奥斯[②]和圣奥古斯丁的书里都有记载[③]。

你刚才听到的是历史，现在听听迷信之说。迷信的昆图斯对兄弟西塞罗说："对这件事，你有什么要说的？要么相信疯狂的皮浪主义，把老百姓和史学家统统看成白痴，把编年史统统付之一炬，要么就承认这是事实。你是不是宁可否认一切，也不承认神会介入人世间之事？"

哲学家回答道："照我看，以那些只有一星半点的事实，并且是由不怀好意的人篡改或者杜撰的材料为依据，那就算不得哲学家。我们不是靠事实，而是靠理性的论证来证明我们的主张，特别是在事实不甚可靠的情况下更是如此……所以，不要再跟我谈罗慕洛斯那根依你看不可能被大火烧毁的占卜棒，也别再谈什么阿提乌斯·纳维乌斯的石子，哲学里没有这类无稽之谈的地位。哲学家的作用主要是，首先研究占卜术的性质，然后研究它的构成方式，最后检查它的一致性……的确，

[①] Lactantius（240—320），古罗马修辞学家。
[②] Denys d'Halicarnasse（约前60—前8），古罗马帝国时期的希腊历史学家。
[③] 据保尔·韦尼埃尔注，在圣奥古斯丁的著作中没有相关记载。

伊特鲁里亚人①指明其祖先,就是那个被农夫的犁从地里翻出来的孩子。我们呢?难道是阿提乌斯·纳维乌斯不成?那些对人类的本性一无所知的民族,难道对天机反倒了如指掌?……还有什么比愚蠢的无知更加司空见惯?你自己是不是也听信多数人的判断?"②谁能给我找出一件不适用于西塞罗回答的奇迹!教父们一定感觉到运用西塞罗的观点有诸多不便,他们宁愿相信塔奎尼乌斯的故事,至于纳维乌斯的本领,他们把它归于魔鬼。魔鬼真是一道好机关。

四十八

各个民族都有这一类的事情,这些事情唯一缺少的是真实,所以才神奇。这些事情可以证明一切,但是本身却从来不曾被证明。谁不相信,就免不了当不信神的人;谁要相信,就免不了当白痴。

---

① 伊特鲁里亚人建立的文明是罗马文明之前亚平宁半岛的主要文明。伊特鲁里亚人后被希腊人和罗马人打败,但其文明仍在长时间里产生影响。关于伊特鲁里亚人的发源地有不同的说法,可以肯定的是,这是一个航海民族。
② 西塞罗的这些话见其著作《论占卜术》。狄德罗引文为拉丁文,据保尔·韦尼埃尔注中所引法文译文翻译。

四十九

　　罗慕洛斯不是被雷电击中，就是被元老们杀害，总之他从罗马人中间消失了。老百姓和士兵们窃窃议论，国家机构的这一部分起来反对那一部分，刚刚诞生不久的罗马内部分裂，外遭围困，国家岌岌可危。这时，一个叫普罗库莱伊乌斯的人挺身而出，说道："罗马人，你们怀念的君主并没有死，他升天了，位列朱庇特之右。他对我说，去吧，叫你的同胞们平静下来，告诉他们罗慕洛斯已经成神。叫他们放心，我会庇护他们的。让他们知道敌人的力量永远不能战胜他们，他们命中注定有朝一日要成为世界的主宰。让这个预言代代相传，直至子孙万代。"① 某些时机是利于行骗的，考察一下当时罗马的处境就会明白，普罗库莱伊乌斯其实是个很有头脑的人，而且善于把握时机。他往罗马人的头脑里灌输了一种成见，而这个成见对国家日后的昌盛并非无益……"很难估量此人和他的故事有多少人相信，很难估量老百姓对罗慕洛斯的怀念减轻了多少……一旦大家相信罗慕洛斯获得永生……这种说法便借着罗慕洛斯的威望和时局的艰难不胫而走……有数人领头，于是全体便高呼万岁，对位列神明和作为神之子的罗慕洛斯表达敬意。"这就是说，老百姓对罗慕洛斯显灵信以为真，元老们也

---

① 引自李维乌斯《罗马史》第一章。

假装相信，罗慕洛斯于是有了祭坛。但事情并没有结束。不久后，罗慕洛斯显灵不再是附着于某一个人，一天里他在上千人身上附体。他根本没有中雷电，元老们也没有利用暴风雨杀害他，他是在电闪雷鸣之中，在举国上下的注视之下升入天国的。随着时间的推移，这个传说又载入了无数材料，以至于后世的睿智之士也颇感迷惑。

五十

一次论证比五十桩事实给我的印象更深。我极其信任自己的理智，所以再高明的江湖骗子也拿我的信仰无可奈何。穆罕默德的大祭司，你尽管让跛子直立、哑巴开口、瞎子睁眼、瘫子康复、死人复活、缺胳膊短腿的人生出四肢——前所未有的奇迹，但是不怕你见怪，我的信仰丝毫不为所动。你想让我改宗？那就抛开那些奇迹来说理吧。我更相信我的判断力而不是我的眼睛。

如果你宣扬的宗教是真实的，那么其理义就应该明了，并且能够用颠扑不破的道理加以证明。这些道理，就请你告诉我吧。你只消用一个三段论就可以说服我，却又何苦拿那些奇迹来困扰我呢？怎么，你莫非觉得给我讲道理，还不如让一个瘸子直立容易？

五十一

一人卧地，没有感觉，没有声音，没有体温，没有动作。别人把他翻来覆去，摇晃他，用火烤他，仍然纹丝不动。滚烫的烙铁放在身上也看不出一点生命征兆。大家以为他死了。真死了？没有。他是卡拉谟教士[①]的同行。"当有人模仿呜咽声，此人只要愿意，便会丧失一切感觉，偃卧于地，俨然已死，掐之刺之，均无反应，有时甚至任人以火炙之都无痛感，伤口作疼便也在事后。"[②] 如今某些人要是碰到这么一位，可以派上大用场，他们可以让我们目睹一个受天命者用香灰让一具僵尸复活。那位詹森派大人物的书里又可以增添一个死而复生的例子，而立宪派则可能感到很没面子[③]。

五十二

应该同意保尔-罗雅尔修道院[④]的逻辑学之说，圣奥古斯丁和柏拉图一样，认为真理判断和辨析规律不属于感觉，而属于精神，所谓"感觉无真理判断"。即使从感觉中能够获得确切

---

① 卡拉谟是君士坦丁堡的一个省，据说教士名叫莱斯提图图斯。
② 引自圣奥古斯丁《上帝之邦》第十四卷第二十四章。
③ 詹森派大人物指卡雷·德·蒙日隆，他写了一本关于宗教奇迹的书。立宪派对詹森派的复兴深感忧虑，经常攻击詹森派。
④ 位于巴黎北郊，詹森派的中心，十八世纪初，路易十四下令将之摧毁。

的认识，也难以推而广之。有许多事物，我们以为通过感觉的媒介得以认识，但是我们并没有十分把握。因此，当感觉材料与理性权威相抵触，或者完全不相称，那就无可选择了，依照正确的逻辑，必须坚持理性。

五十三

某郊区响彻欢呼声。一位受天命者一天里用香灰创造的奇迹，数量之多耶稣终其一生不可及。众人奔跑着涌向郊区，我也随着人群往那里去。刚到那里，便听得呼喊："奇迹！奇迹！"上前一看，只见一个矮小的跛子正由三四个好心人搀扶着走动。人们立刻惊叹地连声道："奇迹！奇迹！"蠢货，奇迹在哪里？你们看不出这个骗子不过换了拐杖而已？① 在当时那种情况下会有奇迹出现，就像总是有鬼怪出现一样。我敢打赌，大凡看见鬼怪的人，事先都害怕看见鬼怪，而看见奇迹的人，事先都下了决心，非看见奇迹不可。

五十四

不过，对所谓奇迹，虽然有人坚决不信，有一部鸿篇巨

---

① 指搀扶的人好比拐杖。

制却敢于挑战这种态度。书作者是贵族院议员，为人不苟言笑，宣讲过唯物主义，事实上是一知半解，不过他也不指望从信仰的改变中得到好运。他讲述的事都是亲眼所见，他对这些事的判断既不存偏见，也不存利害关系，而且有上千人为他证明。所有人都说亲眼所见，证言都极尽可能地真实，原始记录都载入了公共档案。对此何言以对？何言以对？只要他的感觉问题没有解决，这些奇迹就什么也不能说明。

五十五

任何一种证明甲乙两方的推理，实则既不能证明甲方，也不能证明乙方。如果宗教狂热和真正的宗教一样有其殉道者，如果在为真正的宗教死去的人中间有狂热分子，那么我们要么统计——倘若可能的话——死亡者的数字，并相信这个数字，要么就得去为信教寻找其他动机了。

五十六

叫人坚决反对宗教的，莫过于皈依宗教的虚伪动机。有人日复一日对不信教的人说："你是什么人，竟敢攻击保罗、德尔图良、亚他那修、金口圣若望、奥古斯丁、居普良之辈奋勇捍卫的宗教？你或许发现了什么难题，当时被这些一流的天才忽略了，那就让我们看看你确实比他们懂得多。如果你认为自己不如他们懂得多，那就丢掉疑心，听从他们的意见。"这种推理毫无意义。教士们懂得多根本不能算宗教真理的证明。哪种信仰比埃及人的信仰更荒谬？又有哪儿的教士比埃及的教士懂得更多？……不，我能崇拜这根葱，它与其他蔬菜相比有什么特殊？注定要成为我盘中餐的东西，我却对之顶礼膜拜，我岂不是疯了！我浇水灌溉，在菜园里生长又枯萎的一棵植物，说它是神岂不滑稽！……"住口，可怜的东西，你这样亵渎神明叫我不寒而栗。是该跟你讲讲道理了！在这方面你能比红衣主教团懂得还多？你是什么人，竟敢攻击神明，竟敢给主教团的教士上智慧课？你难道比全世界都来求教的神谕懂得还多？不管你怎么回答，我对你的傲慢或者冒失还是深感钦佩……"基督徒们难道永远也感觉不到自己的力量？为什么不把诡辩术丢给那些靠它吃饭的人？"把那种尽管双方不可能都正确，但是双方都加以引证的证据扔掉。"（圣奥古斯丁）实例、奇迹、权威叫人上当受骗或者口是心非，只有理性叫人有信仰。

五十七

大家都同意，捍卫信仰只能靠扎扎实实的理由，这是极端重要的。偏偏有人专门迫害那些努力破除伪劣理由的人。怎么？当一名基督徒不就行了吗？难道非要凭着伪劣的理由来当基督徒不可？善男信女们，我告诉你们，我不是因为圣奥古斯丁是基督徒才当基督徒的，我是基督徒，因为当基督徒是合理的。

五十八

我熟悉那些善男信女，一有风吹草动他们就警觉起来。如果有朝一日他们判断这本书包含与他们的观点相反的东西，那么我料定他们会把曾经泼到许多比我优秀的人身上的脏水朝我泼来。假使我仅仅是个自然神论者抑或恶棍，躲过脏水倒也不费什么事。这帮人早就诅咒过笛卡儿、蒙田、洛克、贝尔，我希望他们继续诅咒许多其他人。不过我对他们坦言，我并不自诩比这些哲学家的大多数更有教养，是更优秀的基督徒。我生于罗马教廷的天主教会，我竭尽全力服从教会的决定。我愿意死在父辈宗教的怀抱中。我相信对任何一个与上帝不曾有过直接接触，也不曾目睹任何奇迹的人来说，这个宗教在可能的情况下是最好的。这就是我信仰的告白，我几乎可以断定，善男信女们对我的告白会很不满意，尽管他们没有一个人能够做出更好的告白。

五十九

我读过数遍阿巴迪、于埃①和其他人的著作,相当熟悉我的宗教的证据。我同意这些证据很精彩,但是即便再精彩百倍,对我而言基督教还是尚未被证明的。凭什么要我相信上帝三位一体,就像对三角形三角之和等于两直角和一样深信不疑?任何一种证据都应该在我身上产生与其力度相称的信任度,几何的、道德的、物理的,不同的证明应该对我的精神产生不同的作用,否则其间的区别便没有意义。

六十

你向不信神的人推荐一部集子,你想与他讲一讲神。但是,他在考察书中的证据之前,肯定要就这部集子向你提问:"这部集子一直是这样吗?为什么不如几百年前那么丰富了?把某个宗教派别很推崇的这本或那本著作剔除,把这个派别否定的这本或那本著作保留下来,是根据什么权力?你们偏爱这部手稿有什么理由?在浩如烟海的文稿中进行甄选,由谁定夺?这些手稿便是明显的证据,说明这些圣作者初始的面貌并

---

① 阿巴迪(Jean-Jacques Abadie,1654—1727)和于埃(Pierre-Daniel Huet,1630—1721)都是十七世纪著名的护教理论家。前者的《论基督教真理》出版于一六八四年,多次再版。后者的《福音之阐述》出版于一六七九年。

没有原封不动流传下来。既然抄写人出于无知，异教徒出于奸诈，歪曲了圣作者——这一点你们必须同意，那么你们在证明这些作者的神性之前，就必须先恢复他们的自然面貌，因为你们的证据不能以一部残缺的文集为准，我的信仰也不能建立在残缺的文集之上。谁能委派你们进行这项修订工作呢？教会。可是，在向我证明《圣经》的神性之前，我不敢断定教会不会失误。因此，我现在必然持怀疑论态度。

面对这个难题，我们只能承认，信仰的原始基础是完全符合人性的，文稿的甄选，残缺的恢复，乃至文集的整理，都是按照某些批评规则操作的，我绝对不拒绝对圣书的神性多表达一分信仰，不过这分信仰必须与那些批评规则的可靠性成正比。

六十一

我一面寻找证据，一面发现了难题。教给我信仰动机的书同时也告诉我不信的理由。这些书是各方共同的武器库。在这里，自然神论者有了反对无神论者的武器，自然神论者、无神论者向犹太教徒开战，基督徒、犹太教徒、自然神论者、无神论者一同与穆斯林交火，基督教众多异端一起攻打基督徒，惟有怀疑者是一人对全体。我是这些战斗的仲裁，衡量各方的天平由我掌控，天平两臂哪边翘起，哪边落下，要看各方往天平上搁置的重量。天平摆动许久，最终偏向基督徒一方，不过这一方的分量和另一方相比,仅仅超出一点。我是公正的,我自己可以为证。超出的这一点在我眼里是否显得很客观,这不取决于我。我证明上帝是以我的真诚。

六十二

这种各执一词的局面让自然神论者想出一种推理,说不上严密,却很特别。西塞罗为了证明罗马人是世界上最好战的民族,巧妙地让这个判断从罗马敌人的嘴里说出。"高卢人,如果在勇气方面你们输给什么人的话,那是谁呢?罗马人。帕提亚人①,不算你们,谁是最勇敢的人?罗马人。非洲人,如果有什么人叫你们畏惧,那能是谁?罗马人。"于是自然神论者对你说:"我们来问一问其他宗教的信徒。中国人,假设你们的宗教不是最好的,那么最好的是哪个?自然的宗教。穆斯林,假设你们不再信奉穆罕默德,你们会崇拜什么?自然教。基督徒,假设最真实的宗教不是基督教,那会是什么?犹太人的教。那你们呢,犹太人,假设犹太教是不真实的,什么宗教最真实?自然教。"而西塞罗又说:"我们一致认为某些人位居第二,而他们又不把第一让给任何人,那么这些人无疑有资格位居第一。"

---

① Pathia,发源于伊朗高原东北部的古老民族,活跃于公元前三世纪至公元三世纪,所建帕提亚帝国(也称安息帝国)是罗马帝国的长期竞争对手。

附录

哲学思想补录或对若干神学家言论的多方反诘

一

在宗教问题上,一个人的怀疑如果是谦卑地承认自己无知,是因为害怕滥用理性而惹恼上帝,那么怀疑就谈不上是对神的蔑视,而应该看作良好行为。

二

一方面承认人的理性与永恒理性即上帝相契合,另一方面又坚称上帝要求牺牲人的理性,这等于说上帝既有所愿又无所愿。

三

既然我们是从上帝获得理性，而上帝又要求牺牲理性，那就无异于魔术师把给予的东西又变了回去。

四

我若舍弃理性，就会失去向导；我就必然盲目跟从次要原则，必然拿一些没有根据的事来胡乱猜测。

五

如果理性是天之所赐，而信仰也是天之所赐，那么老天就给了我们两个互不相容、互相对立的礼品。

六

要解决这个问题，就必须说信仰是虚幻之理，在自然中并不存在。

七

帕斯卡尔、尼古拉等人说过:"上帝为了有罪父亲的过失,以永恒之苦难责罚所有无辜的子女,这是一个最高命题,与理性并不相悖。"如果这样一个明显渎神的命题都与理性不悖,那么还有什么命题与理性相悖?

八

夜,我迷失在森林中,只凭着豆火前行。突然一个陌生人过来对我说:"朋友,吹灭你的蜡烛,路就能看清楚。"神学家就是这个陌生人。

九

如果我的理性来自上天,那么通过它与我交谈的就是上天的声音,我必须倾听。

十

才能与缺陷和理性的运用不相干,因为世上的善意合起来也不能让瞎子分辨出颜色。我只能在显豁之处看见显豁,在无显豁之处看见显豁的缺失，否则我就是傻子。话又说回来，傻是不幸，不是罪过。

十一

造物主既然不会因为我曾经是个聪明人而奖励我，也就不会因为我曾经是一个蠢人而惩罚我。

十二

造物主也不会因为你曾经是个恶人而罚你下地狱。怎么，做一个恶人不是已经够不幸了吗？

十三

大凡道德之举都伴随着内心的满足，罪恶之举都伴随着懊悔。然而精神承认自己把这样那样一些命题拒之门外，既不羞愧，也不懊悔。所以要么相信这些命题，要么舍弃这些命题，无所谓美德，也无所谓罪愆。

十四

如果做了善事仍旧需要圣宠,那么耶稣基督之死又有何用?

十五

如果十万人受罚下地狱,仅一人可以得救,那么魔鬼一直占着便宜,因为他没有让儿子去死。

十六

基督徒的上帝是一个很看重苹果,很不看重孩子的父亲。

十七

消除了基督徒对于地狱的恐惧,也就消除了他的信仰。

十八

一种真实的、不分何时何地令所有人感兴趣的宗教应当是永恒的、普遍的、彰明的。哪一种宗教都不具有这三种品质,故而一切宗教都被三次证明是虚妄的。

十九

只有少数人可以作证的事实，不足以证明一种应当为所有人同样相信的宗教。

二十

用以支持宗教的事实古老而离奇，也就是说，是最可疑不过的，要证实的事情也是最不可信的。

二十一

用神迹来证明福音书，无异于用反自然的东西来证明荒谬。

二十二

上帝对于未曾耳闻他儿子的人会怎样？他会因为聋子听不见而惩罚他们？

二十三

他对那些对他的宗教有所耳闻,但是不能理解的人会怎样?他会因为侏儒迈不出巨人的步伐而惩罚他们?

二十四

为什么耶稣基督的神迹是真的,而埃斯库拉庇乌斯①、提亚那的阿波罗尼乌斯②和穆罕默德的神迹就是假的?

二十五

耶路撒冷的犹太人看到耶稣基督的神迹以后就公开皈依了吗?根本没有。他们非但不相信基督,还把他钉上十字架。必须承认,这些犹太人真是世上少有。一个假神迹就可以迷惑的民族随处可见,而对于犹太民族,耶稣基督用了无数真神迹也无可奈何。

---

① Aesculapius,古罗马神话中的医神。
② Apollonius of Tyana(约 15—100),古罗马毕达哥拉斯学派哲学家。

二十六

值得大书特书的奇迹是犹太人不信耶稣,而不是耶稣的复活。

二十七

恺撒的存在与二加二等于四一样确定,耶稣的存在与恺撒的存在一样确定。所以,耶稣复活与耶稣或恺撒的存在一样确定。咦,这是什么逻辑!耶稣的存在与恺撒的存在可不是什么奇迹呀。

二十八

《图莱纳传》①里说,一幢房屋着火了,圣体一出现,火顿时熄灭。就算这样吧。不过历史上也有记载,某僧人在圣饼里下了毒,德国皇帝吃下去顿时一命呜呼。

二十九

那块圣饼里除了面包和葡萄酒这些表面之物外,应当还有其他东西,否则就得说毒药进入耶稣基督的肉体和血液了。

---

① 当时有两本关于德·图莱纳子爵的传记,这里说的可能是一七三八年出版的《图莱纳传》,作者是弗朗索瓦·拉克莱。

三十

这肉体霉变了,这血发酸了,这神被自己祭坛上的蠹虫吞吃了。愚蠢的埃及人,瞎了眼的民族,睁开你的双眼吧!

三十一

耶稣基督的宗教由一些无知的人宣告,造就了第一批基督徒。同一个宗教,如今由学者与博士传布,造就的全是不信宗教的人。

三十二

服从立法权威无需论证,有人对这一点提出异议。但是在地球上,没有相同权威的宗教吗?

三十三

是儿童时代的教育使穆斯林不愿接受洗礼,也是儿童时代的教育使基督徒不愿接受割礼。是人的理性使人既轻视洗礼,也轻视割礼。

三十四

《路加福音》里说，圣父大于圣子，"父大于我"。但是教会却无视这段明确的文字，对坚持按字面意义理解圣父之言的谨慎的信徒横加指责。

三十五

整部《圣经》里没有哪段话比这段话更明确，倘若权威可以随心所欲地解释这段话的意义，那么就没有一段话我们可以自以为正确理解了，也就没有一段话教会日后不会想怎么做就怎么做。

三十六

"你是彼得，在这块石头上我将建起我的教会。"① 这是一位神的话，还是堪与"阿考尔老爷"② 的风格媲美的一句"戏言"？

---

① 见《马太福音》第十六章第十六节。耶稣问门徒自己为何人，彼得（字义为石头）答："你是基督，是永生神的儿子。"耶稣遂有上面这句话。
② Seigneur des Accords，出自埃蒂安纳·塔布洛所著《阿考尔老爷戏言录》一书，里面充满俏皮话和双关语。

三十七

In dolore paries（《创世记》），你产子将受苦,上帝对不尽职的女人说。可是那些雌性动物又对上帝做了什么,它们产子为什么也这么难?

三十八

倘若应当照字面意义理解"父大于我",那么耶稣基督就不是上帝。倘若应当照字面意义理解"这是我的身体",那么耶稣是亲手把自己的身体交给门徒的,这跟说圣德尼在脑袋被砍下之后吻了自己的脑袋同样荒唐。

三十九

据说耶稣退隐到橄榄山,在那里祈祷。向谁祈祷?向自己祈祷。

四十

"这个叫上帝死以慰上帝的上帝",这是拉翁堂男爵[①]的一句

[①] Baron Lahontan（1666—1716）,法国作家、探险家,曾经长期游历加拿大、荷兰与德国,著有许多游记作品。文中这段话是假托,实为狄德罗自己的创造。

妙语。支持和反对基督教的上百本对开书,也不及这句笑话说得明白。

四十一

说人身上糅杂着力量和软弱,光明和幽暗,渺小和伟大,这不是责备人,这是描写人。

四十二

人之为人,如上帝或自然所造,而上帝与自然是从不作恶的。

四十三

我们称"原罪",而尼侬·德·朗克洛称"怪罪"[①]。

四十四

赞扬福音传教士彼此心心相印,这真是信口开河,有的福

[①] Ninon de Lenclos(1620—1705),巴黎贵妇,以才智机敏著称。怪罪的形容词与原罪的形容词相近,而且也有"原来的"之意。这个文字游戏很机智地指出所谓"原罪"是莫须有的、奇怪的。

音传教士说到的事情，其他传教士则只字未提。

四十五

柏拉图从三个方面考虑神性：善、智、力。除非熟视无睹，才会看不出这里有基督徒的三位一体。如今我们称为圣言，就是将近三千年前雅典哲学家所谓的"逻各斯"。

四十六

圣人①或是三种偶然，或是三种实体，绝无中间的可能性。倘是三种偶然，我们就是无神论者或自然神论者；倘是三种实体，我们就是多神论者。

四十七

圣父判定人应当受他永久的报复，圣子判定人值得他无限关爱，圣灵则不偏不倚。天主教的这一奇谈，与神的意志的一律说如何衔接？

---

① 指三位一体中的圣父、圣子、圣灵。

四十八

很久以前就有人要求神学家把永世之苦的说教与上帝的无限关怀协调起来，可是到了今天他们还是毫无进展。

四十九

对一个罪人，当这惩罚已经没有丝毫用处的时候，为什么还要惩罚他？

五十

如果仅仅为自己而惩罚，那就很残酷，很恶毒。

五十一

没有哪个好父亲愿意同我们的天父一样。

五十二

冒犯者与被冒犯者是什么比例？冒犯与处罚是什么比例？太多的蠢事，太多的狠心！

五十三

这位上帝,他发这么大脾气干什么?这样人们岂不要说:"我也能做点什么,以赞成或反对他的威严,赞成或反对他的安宁,赞成或反对他的幸福。"

五十四

我们希望上帝用永不熄灭之火烧死恶棍,尽管这恶棍对上帝毫无所得;我们却很难同意一位父亲让儿子暂时死亡,尽管这儿子可能牵连他的生命、幸福、财产。

五十五

啊,基督徒们,看来你们对于善良和恶毒有两种不同的观念,对于真实与谎言也有两种不同的观念。所以你们是最荒谬的独断主义者,或者是最极端的皮浪派。

五十六

只有做绝了世上可能有的全部坏事的人才该遭受永久的惩

罚。你们把地上的一条虫变得极端有力①，结果叫上帝变得极端爱报复。一个人能够做的全部坏事并不等于世上可能有的全部坏事。

五十七

听神学家夸张地描述一个上帝让他生性好色的男人，怎样与上帝让她天生丽质、娇媚可人的女邻居上床，人们不会感觉这世界四面八方都燃起惩罚之火？唉，朋友，听听马可·奥勒留②的话，你就知道你两节肠子不正当的淫荡的摩擦也会叫你的上帝大发雷霆呢。

五十八

残忍的基督徒将某个词翻译成"永久的"，那个词在希伯来语中的意思不过是"持续的"。由于对希伯来语表达法的无知，也由于某位阐释者凶狠的本性，才有了永恒痛苦之说。

---

① "地上的一条虫"，所谓"人虫"也。全句当谓"把人作恶的能力无限夸大"。
② Marcus Aurelius（121—180），罗马帝国皇帝、思想家。这句话出自马可·奥勒留的《沉思录》。

五十九

帕斯卡尔说:"如果你的宗教是假的,而你认为它是真的,那你不冒任何风险。如果你的宗教是真的,而你认为它是假的,那你要冒一切风险。"一位伊斯兰教长也可以这么说。

六十

耶稣基督是上帝,却也受到魔鬼的诱惑,这个故事简直可以写入《天方夜谭》。

六十一

如果一位基督徒,最好是一位詹森派,能让我感觉到耶稣基督降到人间"对人的益处",那我是求之不得。即使如此,倘真想拿这个说教赚得某种便宜,也别把罚入地狱的人数无限扩大。

六十二

一个姑娘离群索居,一天她接受了一个年轻男子的拜访,那男子带了一只鸟。姑娘怀孕了,人家问她,谁让她怀上了孩子？那还用问！那只鸟呀。

六十三

为什么勒达的天鹅，以及卡斯托耳与波吕丢克斯的火苗①让我们忍俊不禁，而我们却不笑话福音书里的鸽子和火舌②呢？

六十四

最初几百年中，有六十种福音书，差不多都有人信。其中五十六种后来无人问津了，原因是幼稚和愚蠢。然而流传下来的几种就没有丝毫幼稚和愚蠢之处？

六十五

上帝给人立下第一条法则，然后他又把这条法则取消了。这个行为是不是有点像一个立法者，失误了，而后来又认识到

---

① 在希腊神话中，勒达是斯巴达王廷达瑞俄斯之妻，曾把化为天鹅的主神宙斯拥在怀中，后生下两儿两女。其中卡斯托耳与波吕丢克斯，一人善战，一人善骑，在战场上所向披靡，统称狄俄斯库里，意即宙斯之子。
② 据福音书载，耶稣复活七星期后，圣灵降临，鸽子象征圣灵，火舌象征信徒们受到圣灵的启示。

自己的失误。可是,一个神既然臻于完美,何以会出尔反尔?

六十六

世上有多少种信仰,就有多少种宗教。

六十七

世上各种异教的信徒,都不过是异端自然神论者。

六十八

如果人是不幸的,却并非天生有罪,那么是不是他命定应该享受永恒的幸福,但本性却使他没能获得这份福气?

六十九

以上是我对基督教教义的看法,对这种教义的训诫之义,我只补充一句。我要说的是,对于信奉天主教的一家之长,如果他深信必须逐字逐句履行《圣经》的格言,否则就有地狱之灾,又鉴于人的软弱使人要实现完美极端困难,那么依我之见,唯一的办法就是把自己的孩子踹到地下踩死,或者孩子一生下来就把他掐死。通过这个行为，父亲让子女躲过了下地狱的危险，保证了子女永恒的幸福。我觉得，这个行为非但无罪，而且理应大加赞许，因为它建立在父爱这个动因之上，而父爱是要求一个好父亲为子女做一切可能做的善事的。

七十

既然要了无辜人的性命是要保证他们永恒的幸福，而放他们生路，几乎可以肯定是送他们去受永久的苦难，那么宗教训示和社会法则禁止杀戮无辜，实际上岂不非常荒谬、非常残酷？

七十一

什么，德·拉贡达明①先生允许给儿子接种牛痘预防天花，却不允许把儿子杀掉以防下地狱？您真会说笑。

七十二

如果真理获得少数优秀分子的充分拥护，那就接受它。因

---

① Charles-Marie de La Condamine（1701—1774），法国地测学家、自然学家。

为真理本质上不会为多数人喜欢。①

* * *

古时候,在泰尔纳特岛②,任何人,包括祭司在内,都不许谈论宗教。那里只有一座寺院,一条专门的法律禁止修建第二座。寺院里没有祭坛,没有雕塑,没有画像。百名僧人在寺里司事,收入很是可观。他们不唱经,不说话,但是他们在深沉的静寂中手指一座金字塔,上面写着:"凡人,要崇敬上帝,爱兄弟姐妹,为祖国成为有用之材。"

* * *

一个人为子女、妻子、朋友所背叛,背信弃义的合伙人让他倾家荡产,一贫如洗。他怀着对人类的仇恨和蔑视,离开人群,孑然一身进山洞隐居。在洞中,他用双手捂住眼睛,思索复仇办法,以泄心头之恨。他说:"这些孽障!用什么方法惩罚他们的不义,让他们尝到他们该吃的苦头?最好设法叫他们

---

① 按照阿塞查-图尔诺版本,我们收录了从隐修院图书馆的狄德罗手稿中引来的两条语录。它们与前文有密切联系,而且其中一条——第二条——前面标有"哲学思想"的字样。
② Ternate,印度尼西亚马鲁卡群岛的一个岛屿。

沉湎到一个巨大的怪梦之中,把这怪梦看得比生命还金贵,而且在怪梦的问题上他们永远休想彼此理解!"想到这里,他冲出洞口,高喊:"上帝!上帝!"回声在四周激荡,缭绕不绝:"上帝!上帝!"这个令人生畏的名字从地球的一极传到另一极,听到的人无不悚然。起先,人们匍匐在地,后来,他们爬起来,互相询问、争吵,言语越来越刻薄,互相咒骂、仇恨、扼杀。那位愤世者,他可怕的心愿实现了,因为关于一个永远既重要又不可理解的实体的故事,过去怎样,将来也会怎样。

论盲人书简[*]

供明眼人参阅

章文/译

* 译文参照法国伽里玛出版社"七星文库"版《狄德罗哲学作品集》(*Oeuvres philosophiques*)。该版本中未见狄德罗所加原注,本文脚注均为译注,其中有一部分改编自该版本的注解,另一部分为译者自补。

他们明明拥有能力，却无法做到。①

——维吉尔

---

① 原文为拉丁语，Possunt, nec posse videntur。实际上，狄德罗的引用同维吉尔的原文略有出入，原句出自《埃涅阿斯纪》（第五卷第二三一行），应为"possunt quia posse videntur"，意为"他们能够做到，是因为他们看起来就可以"。狄德罗对维吉尔的原文进行改动，是想要警醒所谓的"明眼人"：后者虽然在视力上并无残缺，对盲人的世界却茫然无知。

太太①，其实我早已料及，在列奥米尔先生的主持下刚刚被祛除白内障的那位天生的盲眼人②，根本无法给您带来您所渴求的知识，但我也不难猜到，我们既不能将此归咎于她，更无法怪罪于您。我已恳求过列奥米尔先生，也曾请他的挚友代为致意，更曾不吝赞美之词，希望能打动他，但最终徒劳无

---

① 此处的"太太"即该封书简的收信人。关于这位女性收信人的身份，历来多有争议：有学者认为这封信的受众并无现实原型，只是一个虚拟的人物，从叙事学的角度配合狄德罗完成信件中所提及的哲学思考，但亦有学者认为此信是写给德·普米索夫人或德·普雷蒙瓦尔夫人的。其中，爱丽丝·拉波尔德倾向于收信人应为德·普米索夫人，因为狄德罗曾在信中暗示过收信人的数学水平有限，而德·普雷蒙瓦尔夫人则是一位数学家。
② 指西莫诺小姐，一位年轻的白内障病人。当时的知识界有一个关于盲人的著名问题，即当一个天生的盲人获得光明时，有没有可能在第一时间凭借过往的触觉经验，判断出面前的两个物体哪个是圆球，哪个是立方体。洛克和莱布尼茨等人都曾参与争论。故此，物理学家列奥米尔想通过一次实验来回答这一问题：白内障病人西莫诺小姐刚刚由普鲁士眼科医生希尔默主刀切除了病灶，近日即将拆除绷带，故列奥米尔宣布将在公众面前举行这项实验，当面验证刚刚拆除绷带的西莫诺小姐是否可以直接辨别上述两种形状。在实验举行前，它已成为整个社会尤其是知识界关注的热点事件，很多名流都希望可以到场观看。

功：这场前所未见的实验终究是要在您不在场的情况下进行了。无论是哲学家，还是一等一的名流，都同享了这份被拒绝的荣耀：总之，列奥米尔先生允许到场的应当只有若干不会带来任何后果的眼睛[1]。或许您会好奇，这样一位有才干的科学院院士为何要以如此私密的方式进行实验，且这种方式是否会导致没有足够的明白人在旁见证，而我对此的回答就是，一位如此著名的人物，在实验的过程中是不太需要旁观者的；他所需要的，更多的是在实验完成后才到来的倾听者。因此，太太，在被迫错过这场实验之后，我又重拾了最初的计划。实际上，早在最开始，我就想到这一实验恐怕无益于你我的智识，我们从中所获的启迪必然会远少于列奥米尔先生。因此，我决定重新与我的朋友进行一场哲学谈话，思辨实验背后的内容。此前我曾轻率地向您允诺要邀您到现场观看，现在我衷心希望这篇记录我们哲学谈话的小文可以替代那场未能亲至的实验！

就在那位普鲁士医生为西莫诺的女儿切除白内障的同一天，我们前去探访一位住在皮伊索[2]的天生的盲人。这位先生颇有见识，很多人都知道他；他懂一些化学，还曾在王家植物园里修习过植物学课程，成绩也差强人意。他的父亲曾在巴黎

---

[1] 据法国国家图书馆保留的该书原版，"不会带来任何后果的眼睛"应当只有一双，属于阿里翁小姐。她是新近进入法兰西学院的杜布雷·德·圣摩尔的太太，也是唯一真正在现场看到这次实验的观众。
[2] Puiseaux，法国北部小城，距巴黎不远。

大学教授哲学,其课程广受欢迎。他有一笔来源正当的遗产,数目足以满足他余下的感官;但他在年少时耽于享乐,染上了些瘾头,家中后又多有变故,这才隐居到这座外省小城,不过每年也会去一次巴黎。每从巴黎回返,他都会带上些酒水,在家中自行提纯蒸馏,我们对这种再加工的酒也颇为赞赏。太太,上述背景介绍自然没什么哲学意味,但可为您的判断提供佐助:这位我同您谈论的盲人是真实存在的。

晚间五时许,我们抵达这位盲人的家中,他正忙着教儿子认读盲文:当时距他起床还不到一个小时,您要知道,当他的一日开始时,我们的白昼就结束了。他的习惯就是在他人休息的时候处理家庭事务和工作。夜半时分,没有什么会给他造成不便,他也不会妨碍到别人。他要着手的第一件事,就是把日间别人移动过的物品归置到原位,这样待他的妻子起身时,就会发现整座房子都已被整理好。于盲人而言,寻找散乱的东西多有不易,因此他们就更热爱秩序;我也注意到,那些日常同盲人接触的人也会有这样的习惯,可能是受瞽者榜样力量的感召,抑或是出自对后者的人文关怀。若是缺少了周围之人的细微关心,盲人该会有多么的不幸!至于我们,假使生活中缺少了这种细小的关怀,应当也是令人同情的吧!大的帮助就像面值不菲的金币或银币,少有机会可以用到;但小的关怀却是我们应当时时握在手中的零钱。

我们这位盲人很会判断何为对称。在我们这些明眼人看来，对称大约是一种纯粹约定俗成的东西；在明眼人和盲人之间，就更是如此。盲人可以用触觉探知一个被我们称为"美"的整体，发现我们对这个整体的部分间的配比有何要求，从而准确地提炼出"对称"一词的含义。但当他说出"这很美"时，并不是在进行美学评判，而只是在转述别人的看法。若是将其同实用性剥离开来，"美"对于盲人来说不过是个概念而已；在少了一种感官的前提下，该有多少东西变得于盲人全然无用？盲人只能将"好"等同于"美"，这是一件多么值得同情的事情！他们到底错失了多少奇妙的事物！唯一可略补这一缺憾的，便是盲人对"美"还是有些许概念的，虽然这些概念的外延显然不够宽阔，却比曾经对此发表过长篇大论的哲学家的观点还要精准。

这位盲人总是提起镜子。您一定会想，他不可能知晓镜子为何物；但事实上，他从不会将镜子背着放。谈及所缺失的感官的优与劣，他的看法同我们一样合乎常理：纵然他并不理解所用的词语的含义，但与大多数人相比，他有一个显见的优点，就是绝不会无缘无故地使用它们。对于许多一无所知的事物，他尚能精准恰当地高谈阔论，让我们开始质疑此前既有的看法，不知我们之前是如何敢在不知所以然的情况下将在自己身上发生的事情推己及人的。

我问他，他口中所说的"镜子"是何含义。他回答道："一个机器，如果旁的物体摆放在恰当的地方，这个机器就能展现出物体的立体感,即使东西离它很远。就像我的手,无需放在物体旁边,也同样能感受到它。"如若笛卡儿也是先天失明,他一定会为这样一个定义抚掌叫好。请您试着想一想,他是以怎样的细腻,才能将脑海里的若干念头集合起来,得出上述结论的。我们的盲人认知事物的手段唯有触摸一途。借着别人的口,他知道明眼人都是用视觉来认知对象的,就像他是用触觉来获取知识一样;至少,这是他可以对"视觉"形成的唯一一个概念。他还知道,虽然人可以触碰到自己的脸,却看不见它。于是他便下了定论,视觉就是触觉的一种,只能作用于与我们的面部不同且远离我们的事物。另外,触觉能带给他的不过是立体感。所以,他补充道,镜子是一种机器,能在自外于我们的情况下展现我们自身的立体感。有多少哲学家提出的概念与他的同样荒谬,论证的过程却还不及他细致?于一位盲人而言,镜子又该是多么令人惊诧的东西?接着我们又告诉他:还有能放大东西的镜子;有不复制对象,却可改变对象位置、让它或近或远的镜子,它能帮助博物学家发现最小的东西;有能将物体变幻成成千上万个的镜子;最后还有能让物体完全变形的镜子。他的惊诧简直无以复加!针对上述现象,他问了不下一百个奇怪的问题。他问我们,是不是只有被称作"博物学家"的人才能用显微镜去看,是不是只有天文学家才能用望远镜去看;放大物体的机器是否比缩小物体的机器要小;拉近对象的镜子是否比推远对象的镜子要短。在他看来,镜子中的另一个我们应当会呈现同样的立体感,怎么可能触摸不到。"你们看,"他说,"一台小小的机器就让两种感官陷入矛盾。或许另有一台更完美的机器,能让它们完全一致,却也不能让对象变得更真实;又或者还有第三台比上一台更完美的机器,会让对象彻底消失,提醒我们在认知上所犯的错误。"

某位先生问道:"按照您的看法,眼睛是什么?""是一种器官,"盲人回答,"空气作用于其上,类似拐杖之于我手的效果。"这个回答令我们茅塞顿开,彼此交换着叹服的眼神。"正是这样,"他又补充道,"如果我将手放在您的眼睛和物体中间,在您看来我的手就是在场的,但物体却不是。我也有同样的经验,即用拐杖去找东西,触碰到的却是另一个。"

太太,当您打开笛卡儿所著的《屈光学》,就会看到在其中视觉现象也被类比于触觉,还有些光学插图,都描绘着试图用棍子去看的人物[①]。笛卡儿和自此以降的哲人,也未能给出关于视觉的更加清晰的概念;同普通的明眼人相比,这位大哲学家也无法更多地胜过我们的盲人。

我们中没有人去冒昧问他对绘画及书写的看法。不过很明显,他的类比之法足以应付一切问题。我毫不怀疑,要是问他如何理解目盲之人试图去看书写字,他就会回答类似于拿着粗

---

① 见图1。但在现存所有的《屈光学》版本中,并未找到与这幅画完全一致的插图。据该书一七二四年的版本,类似的图中所呈现的人物应当为老年人,驼背有须,穿着罩袍。本书中的插图应为狄德罗仿绘而成。

图 1

棍子去找大头针。我们只是同他聊了聊绘画中透视的技法，谈到透视也是让对象呈现立体感，与镜子成像相似却也不同。但后来我们发现，这些介绍虽能帮助他理解何为镜子，却也破坏了他原有的看法，因为他开始认为镜子是在描绘物体，而画家要再现物体，大概就得描绘镜子。

我们见到他用线穿过极细的针眼。太太，我可否请您暂停阅读，试想一下如果您与他易地而处，要怎么完成这个活计。假若您最终也没能找到合适的方法，我就为您介绍这位盲人的技巧。他会竖着将针眼放在嘴唇中间，然后借着舌头和吮吸的力，让线顺着吮吸穿过针眼，除非线实在比针眼粗上太多；但如果真是这种情况，明眼人也未必比盲人多上什么优势。

他善于记忆人声，其精准程度令人惊讶；我们于人群的面孔中所见的丰富程度，他也同样能在众人的声音中找到。于他而言，人声间有着无尽的微妙差别，而我们却无法注意到这一点，可能是因为我们不像盲人一样对此有迫切的需求。在我们看来，上述差别就像我们自己的容貌。我们见过的所有人里，恐怕最难以回想起的长相就是我们自己的了。我们注意别人的长相，是为了能认出他们；我们记不住自己的容貌，是因为永远不会有将自己同别人混淆的风险。另外，我们的感官通常互帮互助，这也会妨碍它们臻于完美。此后我还会重申这一观点。

在此一节上，我们的盲人说道，若不是发现明眼人在其他方面与之相比多有不如，他恐怕就会因不能享有与我们同样的好处而自怨自艾，甚至把我们当成更高一等的智慧生物。这种说法又让我们萌生了另一个念头。这位盲人认为自己同我们相比绝不落下风，甚至还要高出一筹。而假如动物也会思考的话，必然也会得出类似的结论，因为它们很清楚自己相较于人类的优点，对人类的优势却少有了解。苍蝇可能会说，他有手臂，但我有翅膀；狮子会说，他有武器，而我有利爪；大象视我们如昆虫。所有的动物都会找出一个理由，让自己相信人类极度需要它们的本能，并自认凭借其本能，可以完全无视我们的理性。我们都有放大自身优点并缩小自身缺点的倾向，直至自欺欺人地相信，是人类为力量立法，而动物则闪烁着理性的光辉。

我们中有一人抛却了顾忌，问盲人是否想要一双眼睛。"假如不受好奇心役使的话，"他回答道，"我也同样想要一双长长的手臂：在我看来，我的手能比你们的双眼或望远镜更好地告诉我月球上发生的事情；而且，用眼睛去看会比用手去摸遭遇更多的阻碍。因此，与其额外获得我所缺少的感官，不如先完善本有的官能。"

对于声音或人声，我们的盲人能立时辨认出其来源。我毫不怀疑，这一技能让盲人变得十分机敏，且十分危险。我可向您举一小例，证明期待被他所掷的石块砸中，或暴露在他的枪口下，究竟是一件多么错误的事情。年轻时，他曾与兄弟中的一人有过口角，后者因此受了不轻的伤。盲人经受了兄弟令人不快的辱骂后，最终耐心全失，他随手拿起一件物什扔了过去，正中兄弟的额头，令他躺倒在地。

因着这次意外，还有此前的几桩事情，警察将盲人传唤过去。我们明眼人对于外在的力量象征都很敏感，但盲人却对此无知无觉。他到庭应审，视法官为同类。威胁无法令他胆怯。他对埃罗先生[①]说道："您要把我怎么样？""我要把您扔到地牢里。"法官回答道。"哦，先生，"盲人回答，"我已经在里面待了二十五年了。"多妙的一个回答啊，太太！对于我这样一个喜欢讨论道德问题的人，又是多么宝贵的词句。我们离开人世时，就像一场神奇的演出散了场；但在盲人看来，不过是离开了黑牢：生时，我们欢乐更多；死时，他遗憾更少。

皮伊索的盲人用温度的高低来判断火苗的远近，用倾倒酒水发出的声响来评估酒器的满溢程度，用空气在面部的流动来估算别人同他的距离。他对空气中的细微变化是如此敏感，甚至可以区分何为可通行的道路，何为死巷。他能精准地判断人的体重和器皿的容积，将手臂变成度量准确的天平，将手指变成经验丰富的指南针；要是某天组织了这类有关静力学的比赛，我必会将宝押在这位盲人的身上，认为他能胜过二十个明眼人。于他而言，不同的皮肤质地同声音一样，也有着丰富的

[①] 指勒内·埃罗（René Hérault，1691—1740），1725—1739年间担任巴黎总警司，因执法严厉而闻名。

区别；完全不用担心他会将妻子认作旁人，除非是他自己起了换妻的心思。而人们却普遍认为，在一个盲人的国度里，要么妻子是共有的，要么有着极严格的惩戒通奸的法律，因妻子如想要欺骗丈夫，实是再容易不过了，只需同情人约定好一个传讯的手势。

他利用触觉来判断美丑，这完全可以理解；但另外还有一点没有那么易于明白，就是人声的发音和音韵在他看来也是辨别美丑的依据。恐怕得要解剖学家才能告诉我们，唇颚的构造与面部的外在之间，是否存在着某种联系。他能用转轮或针做些细致的活计；他能拿角尺校正平面；他能拆卸并组装寻常的器具；他对音乐也有一定的了解，只需别人告诉他音符和对应的音长，就能演奏出一段旋律。他能利用动作的连续与思绪的衔接，比我们更精准地估计时长。同别的优点相比，皮肤的质感、丰满，肌肉的紧实，构造上的优点，呼吸的轻柔，声音的美丽，发音的美妙，都是令他尤为重视的品质。

他同别人结婚，是为了获得专属自己的眼睛；从前，他曾打算娶一位聋子，这样就能用耳朵交换妻子的眼睛。他在很多事情上都表现出了独特的能力，但这些都没有下面这件事令我惊奇。我们向他表达了我们的讶异。"先生们，我能感觉到，"盲人说，"你们不是盲人：你们惊讶于我所做的，但你们为何不为我所说的而吃惊？"我想，这个回答里所包含的哲学思想要远比说话人所想的更多。我们学语之时，未尝遇到大的困难，这已是令人惊叹的事情。很多词语都无法呈现为可感知的事物，即没有实体，所以我们也无法将之同某个具体的想法联结起来，只能用此前留意到的深层而微妙的类比，在不可感知的事物与其触发的想法间建立联系。相应的，须得承认盲人与明眼人相比，在学说话时会遇到更多的困难，因为他可用于类比和联结的素材要少得多。比如说，我们要如何指望他记住"神采"这个词？这是一种愉快的神情，很难化成盲人可感知的事物，即使对我们这些没有视力缺陷的人来说，也没有那么好感触，不知该怎么具体解释"神采奕奕"一词。若说神采主要停留在眼睛里，那触觉就无法感受；此外，对于盲人，他能否懂得"灰败的眼神""灵动的眼神""智慧的眼神"等类似表达？

据此可以得出结论，我们实在是从各种感官和器官的协作中受益不浅。但单独使用感官中的一种，和在明明一种就足够的情况下同时调动其中两种，造成的结果也是不同的。明明用眼睛就足以看清，却非要将触觉加诸视觉之上，就像已经有两匹健马在拉车，却偏要在前面套上第三匹，后来的马儿奔跑的方向与之前的两匹是不同的。

我从未怀疑过，我们的器官与感官的状态于我们的形而上学和道德有深刻的影响；如果可以，我甚至想说，哪怕是那些纯思辨的想法，也都与我们身体的构造有紧密的联系。故此，我询问这位盲人对于恶行和道德的看法。我首先注意到，他对偷窃有着极大的怨愤。想来原因有二：在他无知无觉的情况下，人们就可轻易对他实施盗窃；另外可能还有个更重要的原因，那就是当他偷窃的时候，人们也很容易抓到现行。这并非因为他没有提防这种旁人比他多出的感官的意识，而是因为他不懂如何遮掩盗窃的行径。他对羞耻浑不在意：若非衣物可以助他抵御空气的侵袭，他根本不知穿衣有何用；他也承认，不明白为什么要将身体的一部分遮起来，而将另一部分露出来；更不明白为什么在这些部位中，要特别照管其中的某些部分，明明它们使用更频繁，且有生理的困扰，不如暴露在外来得方便。即便在我们所处的世纪，哲学精神已经让人摆脱了诸多偏见，但我并不认为我们可以像这位盲人一样如此彻底地忽略根深蒂固的羞耻感。照他的说法，第欧根尼可算不上什么哲学家。

很多外在的征象都能唤醒我们的同情，触动我们对痛苦的感知，但对盲人来说，只有嘴上的诉苦才管用；我因此怀疑盲人普遍缺乏人情味。在盲人眼中，一个小便的人和一个流血却不诉苦的人之间，究竟有什么区别？哪怕对于我们，如果外物距离太远或体积太小，让我们目无所见，恰似失去视力的盲人，我们不也会停止同情吗？我们的美德是如此仰赖感触的方式，如此受制于外物影响我们的程度！因此，我毫不怀疑，要是被害的对象距离太远，看起来只有燕子般大小，人们在杀死他的时候，绝不比亲手掐死牛更困难。我们对受苦的马产生同情,却毫无顾忌地碾死蚂蚁,不正是被同一种逻辑所驱使吗?啊!太太,盲人的道德与我们的道德到底有多么不同!盲人的道德和聋人的道德应该也有同样大的区别!若是某种生物尚且比我们多一重感官,恐怕也会认为我们的道德多有缺陷,就不用提更坏的情况了!

我们的形而上学与他们的相比,也有着同样大的区别。有多少盲人秉承的原则,在我们眼中不过是些荒谬已极的说法,反之亦然。关于这一点,或许我可以举出一个细节博您一笑,当然,在那些无事不可挑出错处的人眼中,我的这种说法则是近乎反宗教的,就仿佛我有全然的责任去劝诫盲人,让他们换种方式去看待外界事物。在此,我只想指出一件人人都理当赞同的事情,那就是我们从自然界的神奇中所得出的推论,在盲人面前是苍白无力的。在他们看来,我们能用一面小镜子创造出一些新的事物,这简直比他们一生都无缘得见的日月星辰还要难于理解。太阳由东向西运动,播撒光明,还不如能调节大小的火焰来得让人震惊。盲人看待物质的方式比我们更抽象,所以他们也更容易相信物质是会思考的。

如果一个曾享有一两天光明的人混到了盲人群里,他要么就得决定永远闭嘴,要么就会被别人当成疯子。每天他都要向同伴们揭示一些只有盲人才会为之惊奇的"奇迹",而盲人们中的智者则会明智地选择不去相信。这种怀疑是如此的根深蒂固,从某些角度看来又是如此的合理,但实际上又是如此的毫无根据，难道不会给宗教的捍卫者以启发吗？假若您权且相信这一假设，难道上述描述不会让您隐晦地想起历史上的某些事实吗？在黑暗的世纪里，有人不幸遭遇了真理，又冒冒失失地将其揭示给了同时代的盲人，故此身受迫害，而在他们的敌人中，最残忍的就是那些同他们身份教养颇为相似、理应拥有类似想法的人。

我想暂将盲人的道德和形而上学弃置一旁，先思考些别的问题。这些问题似乎没有那么重要，但自那个普鲁士人抵达以来，人们就一直期待那场实验，实验的目的则与这些问题有着直接的契合点。第一个问题：一位天生的盲人是怎样形成对形状的概念的？我想应当是借由肢体运动，他的手依次触碰过不同的地方，物体从他的手指间穿过，留下连续不断的感觉，让他有了方向感。若穿过手指的是一条绷紧的线，他就有了直线的概念；若感受到的是一条松弛的线的弧度，他就可了解何为曲线。大致来说，借由反复的触觉经验，他能累积起在不同的点上采集到的感受：盲人善于将这些感受或点联结起来，让它们形成完整的形状。对盲人而言，一条直线并非几何学概念，而是对一连串触觉感受的记忆，沿着绷紧的线的方向排成一串；曲线同样是一系列对感触的记忆，或许会和什么坚硬的物体表面联系起来，这个表面应是凸起的或凹进去的。几何学家是根据研究来发现某个形状的特点，并校正心中对这个形状的定义的。但假若是一个天生的盲人，不管他是不是几何学家，都只能把一切寄托在自己的指尖上。我们明眼人会连接色点，盲人却只能将触点联系起来，更准确地说，他能凭借的只有记忆里的触感。他脑海中所发生的事情应当与我们头脑中的并不相同：他不会想象；因为如果需要想象，须得在脑子中先上一个底色，再于底色中拣选出一些点，涂上不同的色彩。要是给这些点涂上的色彩与底色相同，它们就会和底色混同起来，形状也就不复存在。至少在我的脑海里事情就是这样发生的，而且我猜想别人的想象方式应当与此也并无不同。所以，当我想要在脑海中见到一条直线的时候，首先想到的并不是它几何学上的属性，而是先准备一块白色的画布，在上面朝着同一个方向涂上连续的黑点。底布和色点的色差越大，我就越能清晰地辨别后者；但若二者色彩相近，无论是在想象中还是欣赏一幅现实画作，都会令人伤神。

　　太太，您已看到，我们可以轻易订立一些原则，并遵循上述原则在想象中创造出色彩不同的物体；不过这些原则显然不能为盲人所用。盲人无法为点上色，所以就无法按照我们的方法去想象形状；他能记住的，只有在不同的点上、地点上和距离上采集来的触觉，并借助触觉来构思形状。显然，对我们来说，无法上色就意味着无法想象，若是在一片黑暗中，有人让我们去触碰些小圆球，我们的第一反应就是它们是黑色或白色的，再或者是其他什么颜色的；也有可能我们不会赋予它们任何一种颜色，而是像天生的盲人一样，只记住了这些小小的圆形物体在指尖上激发出的感觉。于我们而言,这种记忆往往是稍纵即逝的,我们也不理解盲人是如何固定、连接并回忆指尖的感受的,这显然都应归咎于眼睛为我们形成的习惯:我们更擅长用色彩来想象。但在我个人的经验中,也曾有在猛烈的激情的驱使下,用一只手承担全部的颤栗的;我也曾留有对旧时触碰过的物体的印象,鲜明到仿佛它还在我的触碰之下,并清楚地感受到我感觉的界限同那些已离场的物体的界限完全一致。虽说感觉本身是不可分割的,它却占据着有一定绵延的空间——如果我能用"占据"这个词的话——盲人可以运用思想来扩大或缩小划归它的地盘,以便向其中增添或减少什么东西。他就是用这个办法来联结点、面和固体的;他甚至能勾绘出一个像地球一样大的固体,只要指尖传来的触感告诉他认知的对象像地球一样大,且长度、宽度、厚度都能支持类似的感觉。

这种加工感觉的能力在我们身上尤为贫弱,却是能证明人类的内在感知力[①]的最好例证;在盲人身上则很强,即使外物已经离场且不再对他们发生作用。我们无法向天生的盲眼人解释,我们是如何用想象力描绘不在场的物体的,如何营造它在意识中在场的假象;然而我们可以在自己的身上找寻到用指尖感触的能力,回忆起一件不在场的物品的触感,就像盲人所做

---

① 法文原文为"sens interne"。按照休谟和洛克等经验主义哲学家的说法,"内在感知力"大约等同于"我们的灵魂加工感官所接收到的印象的能力"。

的一样。若想更好地理解这一点，请您将拇指和食指捏合在一起，闭上眼睛，然后将二指分开，并在分开后立即回想此前发生的事情。请您告诉我按压中止后触感是否立即就消失了；二指压合的时候，您的灵魂是否更多地聚集在头脑中而非指尖上；这种感觉是否占据了一个空间，让您对"平面"有了概念。我们想要将现实存在的外物和它在我们意识中的呈现区分开来，依托的只不过是印象的浓淡；同样的，盲人若要区别指尖的触感和外物真实的存在，参照的也是触感的强弱。

假如真有一位天生既聋且瞎的哲学家，仿照笛卡儿谈谈对人的看法①的话，他一定会把灵魂放在指尖上，因为他的主要知觉和所有认知都源出于此。谁会告诉他头脑才是思想的据点？有时想象也会让我们的头脑疲惫，因为我们为想象付出的劳动，就像在看太大或太小的物体一样。而天生的盲人和聋人则不然，他用触碰获取的所有感觉，就是其思维的全部范式。若是经过一段漫长的思考，他的手指和我们的大脑同样感觉疲累，我也不会为此惊讶。我更不会担心有哲学家对此提出反驳，声称神经才是感觉的来源，而所有的神经都是自脑部发出的；无论是这种说法还是此前盲人的看法，其实都未得到充分的验证，尤其是后一个。可见物理学家们也曾就这一主题展开过奇思妙想，只是最终还是遵循了自己的感觉。

---

① 笛卡儿认为人的行为为头脑里的松果体所支配，所以灵魂应当停留在这里，但当时也有别的哲学家认为人的灵魂应当存在于身体的各个部位里。

但是，如果说盲人的想象就是回忆并联结可触点带来的感受，而明眼人的想象就是回忆并联结可视点或色点，那就可以得出结论，盲人看待事物的方式要比我们更抽象，假若遇到纯粹的思辨性问题，他应当更少犯错。因为所谓的抽象思维，只不过是用思想提炼物体的可知特性，把一些物体同另一些物体区分开来，或者是把这些特性同物质载体本身剥离开来；但若是分离做得不对或不恰当，就会衍生错误。做得不对的情况多见于形而上学领域，而做得不恰当则常发生在数学、物理等学科中。在形而上学中，有一个方法保证一定会犯错，就是没有对思辨的对象进行足够的简化；在物理或数学里，也有得到错误结果的不二秘籍，即小觑了对象的复合程度。

有一类抽象思维，能做到的人极少，应当是专为真正的天才保留的，那就是把一切都简化为数字单位。必须要承认，这种几何学所得出的结论是极精准的，其公式的适用范围也很广。因为无论是在自然界，还是在潜在可能中，都少有物体是不能用简单的单位来代替的：点、线、面、体积、思想、想法、感受……如果这恰好就是毕达哥拉斯所建立的学科的基石的话，我们就可以说，他的计划之所以未得到全然的成功，是因为这种讨论哲学的方法极大地超越了我们的思维能力，过度接近至上之主①的思维方式。用一位英国几何学家②的话来说，

---

① 指上帝。
② 指约瑟夫·拉弗森（Joseph Raphson, 1668—1712）。

他就是一直将宇宙几何化。

对我们来说,纯粹而又简单的单位是一种过于模糊且宽泛的符号。我们的感官往往会让我们更贴近某些与我们的智力和器官构造更相称的符号系统。我们甚至还做出了努力,让上述系统更加普遍化,变成我们互相交换思想的集散地。为了眼睛,我们创造了文字;为了耳朵,我们设立了读音;但我们尚没有针对触觉的符号系统,虽然也存在某种方式,让我们能利用触觉来发言并获得回答。这种语言的缺失隔断了我们与聋人、盲人和哑巴间的所有交流。他们在生长,思想却处在蒙昧不明的境地。其实若是自他们童年起,就有人用固定、明晰、持久且统一的方式同他们说话,他们也能获得一些想法。总之,就是要在他们的手中写下我们在纸上书写的符号,并让他们将其与某个固定含义联系起来。

太太,难道您不觉得这种语言与其他符号系统同样便捷吗?您不觉得其实它早已被发明出来了吗?难道您能肯定,之前就没有人同您提过类似的交流方式吗?既然我们觉得用普通的书写方式表达于触觉多有不便,不妨将这种语言固定下来,为它编写语法和字典。

知识可以通过三重门户进入我们的灵魂。但因缺少符号,我们已堵塞了其中一条通路。若是忽视其他两种官能的话,我们说不定会沦落至动物的境地。如果我们只能通过按压来进行触觉上的沟通,这就类似于我们仅能借由叫喊来与他人互通言语。太太，只有缺少了某种感官，才能深知针对其他感官的符号的好处。盲人、聋人和哑巴，或者是因某起事故失去这三种官能的人，肯定会因有一种清楚明白的面向触觉的语言而深自欣慰。

当人失去某种感官时，就不得不借助另外的符号，而使用一种已齐备的符号系统总比从头发明一个要便捷得多。要是桑德森五岁时就能找到一种已发展完善的可触几何学，肯定要比二十五岁上才自行构建一个更好。太太，这位桑德森就是我想同您提及的第二位盲人，想来对他进行讨论也不会偏题。人们总是向我传颂他的神奇事迹，其中没有一件是不曾被他的文学素养和数学造诣所证实的。

他用同一台机器来进行代数演算及呈现用直线构成的图形。只要您愿意听，应当也不会介意我向您描述它的运作原理；您会发现，其中并不牵扯任何您不具备的知识，而且假如您想尝试复杂演算的话，这台机器或许对您有用。

如图2所示。请您想象一个正方形，均分成四份，周围有直线画出边框，这样就为您呈现了九个点：1、2、3、4、5、6、7、8、9。再请您设想，这个被打了九个孔的正方形可以接纳两种类型的大头针，两种针长短粗细均相同，只是其中一种顶部更粗大一点。

顶部较大的大头针（以下简称大头针）永远只会放在方块

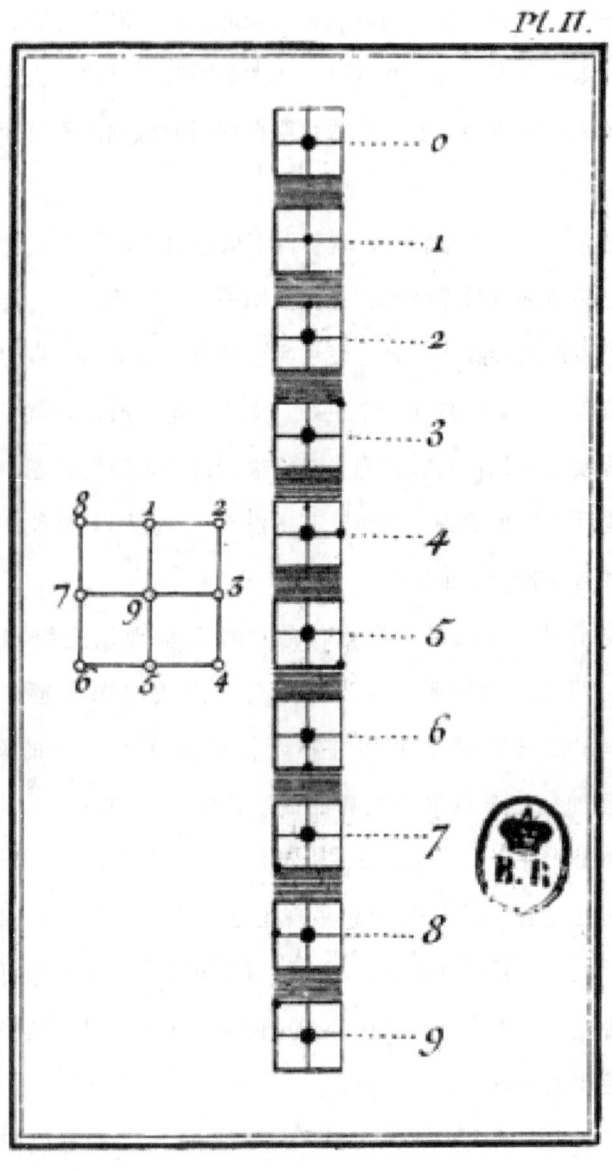

图 2

的中间，而顶部较小的大头针（以下简称小头针）则只插在四条边线上，除了唯一的例外，即表示数字 1 的时候。数字 0 的表示法是将大头针插在中间，四边不放置任何针；数字 1 的表示法是将小头针插在中心，旁边同样不插入任何针；数字 2 需要将大头针置于方块中心，然后在上边线的 1 号位置放入小头针；数字 3 则是将大头针放在中心，然后在 2 号位置放置小头针；数字 4 仍要将大头针放在中心，此外在右边线的 3 号位置加上小头针；数字 5 除中心位置的大头针外，需在右下角的 4 号位置放入小头针；数字 6 的表示方法是在中心位置放入大头针，然后在下边线的 5 号位置插入小头针；数字 7 仍将大头针保留在中间，另需在左下角的 6 号位置插入小头针；数字 8 由中心的大头针和左边线的小头针构成；数字 9 包含中间的大头针及左上角的小头针。

对于触觉来说，这就有了十种不同的表达方式，分别对应代数中的十个数字。现在，请您尽情地想象一张大大的桌子，上面布满了此类小方块，方块水平摆放，彼此间的距离相等。如图 3 所示，这样您就构建出了桑德森的数学机器。

您应当会立即意识到，所有的数字都可以用这张桌子来表示，所以，根本不存在无法用此机器进行的运算。

例如，可求以下九个数字之和：

1 2 3 4 5

2 3 4 5 6

图 3

3 4 5 6 7

4 5 6 7 8

5 6 7 8 9

6 7 8 9 0

7 8 9 0 1

8 9 0 1 2

9 0 1 2 3

我将数字写在桌子上，把第一个数左边的第一个数字标记在第一行左边的第一个方块上，把第一个数左起的第二个数字标记在第一行左起的第二个方块上，依次类推。

紧接着，我将第二个数标注在桌子的第二行上，个位数写在个位数下面，十位数写在十位数下面，等等。

然后，第三个数也被标记在第三行的方块上，第四个数在第四行……正如图3所示。标记完成后，我用手指自下而上地触摸右边第一列方块，计算其所代表的数字的和，若求得的和需要进位，我就将十位上的结余标记在左边一列最下方的方块中。随后，我的手指左移，计算右边第二列，用同样的方法求和；接下来就是第三列、第四列……直至算完总和。

以下则是这张桌子表示不同的直线构成的形状的特性的方法。假设桑德森需要演示同样底边长和同样高度的平行四边形在面积上是相等的。您可以看到，他会按照图4的方法来插入大头针。接着，他会为四边形选定顶点，利用手指完成推演。

图 4

一般而言，桑德森只会利用大头针来固定图形的边线，但他同样也可以用九种不同的方式将小头针布置在图形周围，他本人对这些方法都烂熟于心。这样，他在日常的演算中就不会遇到任何困难，唯一略有阻碍的情况是假如有太多的顶点需要列举，他就被迫要借助字母来为不同的顶点命名。遗憾的是，没人能告诉我他是如何用字母来为顶点命名的。

我们只知道，在使用计算桌时，他手指的灵活程度令人惊讶；他能成功完成最复杂的算式；一旦有了失误，他可立即察觉并暂停演算；他能轻易验算。于他而言，计算这项工作，并不像他人猜测的那样费时冗长，因为他可以很方便地布置好桌子。

布置桌子时，首先需要将大头针放在方块中心，剩下的无非就是插入小头针以便确定方块代表的数值。唯一的例外即是数字1。此时需将中心位置的大头针换做小头针。

有时，他也不会用针拼出一条完整的线，而只在顶点和交点处放置大头针，并以丝线缠绕，用线来表示图形的边线。如图5所示。

他还留下了另外一些用于几何研究的机器：我不知道该如何使用它们，想来得用上与解一道完整的运算题差不多的力气，才能搞清楚这些机器的用途。希望有某位几何学家能告诉我们，桑德森究竟拿那四块木头作何用处。木头呈长方体状，

图 5

每块都是 11 法寸①长，5.2 法寸宽，0.5 法寸厚，六个面中两个面积最大的面互为对称，上面刻着小方块，类似于我刚刚同您描述过的计算桌：仅有一点不同，方块仅在少数部位有打孔，其中插有针。每个面上各刻有九张计算桌，每张桌子都呈现十个数，其中的每一个均由 0—9 十个数字构成。图 6 中就是其中一张桌子，里面包含如下数字：

9 4 0 8 4

2 4 1 8 6

4 1 7 9 2

5 4 2 8 4

6 3 9 6 8

7 1 8 8 0

7 8 5 6 8

8 4 3 5 8

8 9 4 6 4

9 4 0 3 0

桑德森写了一本完美的专业著作，题为《代数原理》。阅读此书时，我们几乎不会意识到作者是一位盲人，只有在少数地方，才能看到一些明眼人根本无法想到的特别的论证方法。是他首次提出，以正方体的中心点为顶点，能将其分成六个

---

① 法国古长度单位，约合 27.07 毫米。

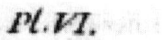

图 6

完全相同的角锥体，后者的底面就是此前正方体的六个面。我们常用此来简单地证明，所有角锥体的体积都是与它底面面积及高度相等的角柱体的三分之一。

他从事数学研究，一方面是出于个人兴趣，另一方面则是因家境庸常且友人对其多有鼓励，才最终决定公开授课。朋友们毫不怀疑，他会比自己预期中更成功，因为他有种天分，轻松就能让别人理解他的意思。实际上，桑德森讲课时总是视学生为盲人；而若一个盲人与同类都能轻松交流，同明眼人打交道更是不成问题了：毕竟后者还要多上一台"望远镜"。

那些曾讲述过他人生的朋友[1]说桑德森是一个妙语连珠的人，想来应当的确如此。您或许会问我，何为妙语？太太，我会告诉您，所谓妙语就是只关系到一种感官的话语，比如说触觉，但可以借由隐喻同另一种官能联系起来，比如视觉，所以在听话人的耳中，上述话语就会带来双重光彩：话语直接而真实的光彩，还有隐喻反射出的光明。显然，在话语的情境中，桑德森受自身思维模式所限，只能理解话语中一半的含义，因为他只能将词句同与之相关的一半想法联系起来。但又有谁不曾经历过类似的场景呢？愚人们也会有类似经历，他们有时也能开出绝妙的玩笑；顶尖的智者偶尔也犯错，但无论是贤是

---

[1] 桑德森的朋友曾撰文讲述过他的生平，题为《尼古拉斯·桑德森博士的生平及性格散记》（*Memoirs of the Life and Character of Dr. Nicholas Saunderson*），发表在《代数原理》一书前作为题记。

愚，他们本人都很难意识到这一点。

我注意到，词汇的匮乏往往也能在尚不熟知语言的外国人身上引发同样的奇妙反应：他们被迫用极少的词汇来表达全部的意思，偶尔就会不自觉地将一些词汇放在绝妙的位置。其实，于所有拥有丰富想象力的作家而言，任何语言中都无法找到充足的恰当词汇，所以他们也常处于同思想活跃的外邦人一样的境地。他们设计出情境，于字符间感悟细微的差别，用最天真的笔触进行描绘，这些都让他们与日常的普通表达方式拉开了距离，也逼迫他们采用一些令人惊羡的表述方法，前提则是这些表述方法既不过分风雅，也不晦涩：根据自身的思考能力和语言知识，人们对风雅和晦涩的接受程度不同，但大致上这还是一种让人很难原谅的缺点。这也就是为什么 M 先生①是最受英国人青睐的法国作家，而在所有拉丁语作者中，塔西佗最为思想家所尊崇。我们已忽视了所有语言的规则，却被文字的真相深自触动。

桑德森在剑桥大学讲授数学，取得了令人惊讶的成功。他还教授光学课，发表对于光和色彩的本质的见解，解释视觉成像原理，研究折射效应和彩虹现象，还有很多有关视觉及其相关器官的内容。

这些事迹听起来很玄妙，但太太，如果您考虑到每个横跨

---

① 指马里沃（Pierre Carlet de Marivaux，1688—1763），法国著名古典主义喜剧作家。

物理及几何的问题，其中都包含以下三个待区分的点，也就不会如此惊讶了：需解释的现象，几何学假设，以及从假设中推演出的运算。当然，必须承认，无论一位盲人在其中的浸淫程度如何，光和色彩现象对他来说都是完全陌生的。他能够理解假设，是因为后者能与可触的事物之间建立联系；但这与研究几何学并不完全一样，他无法说出选择这一假设而放弃其他假设的理由；因为若要说出理由，他须得具有自行将假设和现象进行比对的能力。盲人将假设视为别人提供给他的既定事实；在他看来，一束光就像一根有弹力的细线，或是一串以难以置信的速度击打我们眼睛的微小粒子；他就以此为根据进行运算。物理与几何间的障碍因此而得以逾越，问题也变成了纯粹的数学问题。

但对于运算所得的结果，我们应当持何种看法呢？一、这是在解决问题时所要克服的最后一项困难，不过一位物理学家即使已经有幸提出了与自然最为相符的假设，他也要用几何来证明这一假设的价值，否则就毫无意义，所以大物理学家，如伽利略、笛卡儿、牛顿等人，也同样是伟大的几何学家；二、根据问题前置假设的复杂程度，运算结果的可信度也会有所起伏。当运算基于一项简单假设时，它所得出的结果的效力就类似于几何学中的论证结果；当前提假设太多时，每项假设都正确的表象会因假设数量太多而遭人质疑，但在假设数量多的情况下，错误的假设彼此之间应当也会互相纠错，这就又反而提高了正确性，让我们能够据此得到一个可与现象契合的假设。这种情况类似于加法，虽然其中被相加的数字的取得方式有待商榷，但最终的结果却可能精准无误。我们当然不能说这种情况不存在，但毕竟是很少的。需要相加的数字越多，在加法中犯下错误的可能性就越大。这就会导致一系列的推论，以至于其结果的确定性变得很小。我将 A、B、C 三者相加，总和为 50：若 50 的确精准反映了相关现象的数值，我是否就要得出结论，认为 A、B、C 三者都是正确的？不见得会是这样：存在无数种方式，让我可以替换其中某一个数值，或者补充上其他两个数值，但最终结果仍为 50。不过，一个问题集合了三个不确定假设的情况，可能是无数情况中最难推演的一种。

计算还有一个不应被忽视的优点，即在结果和现象本身有出入的时候，可帮助排除错误假设。若是一位物理学家想要追寻光在穿过大气层时划过的曲线，他就需明确大气层厚度、折射规则、光粒子的本质和形状，但他可能并不会考虑其他一些关键因素，要么就是故意不将其纳入考察范围，要么就是他也无法确定：然后他就确定了光的曲线。如果说自然中的光与他计算出的结果不同呢？这说明他的预设是不完整的或错误的。如果说光的确按他确定的曲线传播呢？有两种可能，一种是他的假设被修正得刚刚好，一种是他的假设根本就是正确的。到底哪种可能才是真的？他也不知道，但他已尽全力厘清了可确定的事情。

我翻阅过桑德森的《代数原理》，希望从中找到日常能见到他的亲友的叙述，以了解他生活中的与众不同之处。但我的好奇心并未能得到满足；我发现按照他的方式构建出的几何学更是一项了不起的成就，对我们也更有益处。我们能在这本书中找到有关点、线、面、体、角、交点、平面角的定义，我毫不怀疑，他用上了些非常抽象的形而上学的原则，已然接近了唯心主义学说。我们所说的唯心主义者，是指那些只能意识到自己的存在，感触到内心纷至的情感，而不承认其他事物存在的哲学家。依照我的看法，这是个再荒诞不过的思想体系，其起源只能归因到盲人身上；不过应让人类的智慧和哲学引以为耻的是，这个最荒谬的思想体系反而是最难以挑战的。该体系的精要已清楚明白地写在克洛因主教贝克莱博士的三篇对话①里；我们可以邀请《人类知识起源论》的作者②来阅读这本书。他能在书中找到实用、便捷、细微的观察方法，其程度与他能做到的程度也不相上下。我们应当向他揭露这种唯心主义，桑德森的假设也会引起他的注意，并不是因为后者有多么的特别，而是它很难从原则上被驳斥：桑德森的理论原则同贝克莱完全一致。其实，不管是按照贝克莱还是孔狄亚克的说法，抑或是按照理性来说，实质、物质、实体、载体等名词，

---

① 指乔治·贝克莱的著作《海拉斯和斐洛诺斯的对话三篇》(*Three Dialogues between Hylas and Philonaus*)。
② 指孔狄亚克（Étienne Bonnot de Condillac，1714—1780），法国著名哲学家。

都很难凭借其本身的力量在我们的意识中播散光辉；此外，孔狄亚克曾恰如其分地指出，无论是我们自我提升至天穹，还是下坠入深渊，我们永远走不出我们自己，我们能体会到的只有自己的思绪：这也是贝克莱第一篇对话的结论，是他整个思想体系的基石。看到两位激烈缠斗的敌人所用的武器竟然如此相像，您难道不会感到奇怪吗？如果胜利最终属于其中一方，那一定是因为胜利者能更娴熟地使用这种武器。但《人类知识起源论》的作者已在《系统论》中为他熟练的使用技巧提供了新的佐证，他会运用自己的武器，也足以让唯心主义者害怕。

您可能会说，现在我们所谈的已经离盲人很远了；但是太太，我还是希望您能原谅我的偏题：我曾保证要向您转述一场谈话，若是没有您的宽宥，我恐怕无法兑现承诺。

我用能力范围内最大的专注阅读了桑德森关于无穷的说法：我可以向您保证，他在这个主题上提出了许多精准明晰的观点；与他相较，大部分微积分的拥趸只不过是些盲人。还是由您来判断吧：虽然这一主题颇为晦涩，也略微超出了您所掌握的数学知识，但我并不气馁，会尽力将之转换为您能理解的语言，帮助您理解微积分的逻辑。

这位著名盲人的事例向我们证明，只要经过练习的打磨，触觉可以比视觉更敏感；因为在用手触摸过一系列纪念币之后，他可以将真币与伪币分开，即使伪币的仿制技巧已然十分高超，足可骗过有一双好眼的鉴赏家。他还能判断数学仪器的精准程度，只需用指尖估算下仪器部件间的分割。这些事情显然要比触摸胸像来判断它是否与原型人物相似更难。因此，若是在一个盲人的国度里，国民应该也会创作雕塑，且和我们一样从雕塑中享有某些好处：在记忆中永远保存美好的动作并珍视的人。我甚至并不怀疑，他们在触摸雕塑时所生发的情感要远比我们强烈。一位曾温柔爱过的情人，将手指游走在记忆犹新的魅惑之上，这是怎样的柔情！而且，此类幻想在盲人身上应当会起到比对明眼人更大的作用，引发更多的温柔记忆。不过，或许这份记忆中快乐越多，他的遗憾就会越少。

同皮伊索的盲人一样，桑德森能感知空气中的任何一丝异动；尤其是在万物俱静的时候，他可以感觉到几步以外的物体的存在。人们传说，有一天他也参与了于花园中举办的天文观测，那天云层若隐若现，不时遮挡住日轮。而他可以根据光线在面部的作用，敏感地判断出何时是适宜的观测时机，何时不是。您或许会以为，他的双眼仍可感觉到光线的摇曳，所以才能感知光是否在场；若非我早已知晓桑德森不仅失去了视力，还损毁了器官①，恐怕也会与您持相同的见解。

桑德森用皮肤来看；这层皮囊在他身上是如此的敏感，我们甚至可以确定，假以时日，如果有人在他手上描绘某位朋友

---

① 桑德森在十二个月大时感染了天花，眼部被囊肿覆盖，失去了所有的器官机能。

的肖像，他也能将其认出来，恐怕他还会描述绘画过程中所触发的感受：这是某某先生。所以说，存在一种专属于盲人的绘画，他们的皮肤即是画布。这些说法绝不是幻想；我并不怀疑，如果有人在您的手中画上某某小姐的樱桃小口，您也能立即认出她来；但请您承认，虽说您常能见到这位小姐，也为她的魅力所折服，盲人在这方面还是比您有优势。因为您在判断中需同时调动两三种常识：将手上的画和眼底的形象进行比较；对曾触及的事物的记忆和对仅曾见到并欣赏的对象的记忆进行比较；最终还要将所有的信息都应用到画师所提的问题上。画师用笔尖在您的皮肤上作画，问您："我正在画的这张嘴属于谁？"但盲人则不然，画师那支笔所能为他呈现的一系列感受，与那张嘴在他手上引发的感觉并无不同。

除皮伊索的盲人和桑德森的故事之外，我还可以再为您补充讲述亚历山大教导学院的迪蒂姆、亚洲人优西比乌及梅石兰的尼凯斯[1]的故事，当然还有其他盲人，他们虽然缺少一种官能，却已远远超过常人。诗人们可能会毫不夸张地说，是嫉妒的神祇夺走了他们的感官，以避免在朝生暮死的凡人中找到可与神明并驾齐驱的人。特伊西亚斯就能阅取神的秘密，拥有预见未来的能力，他不就是一个被神话[2]记录下事迹的盲人哲学

---

[1] 以上三人均摘录自《尼古拉斯·桑德森博士的生平及性格散记》，其中讲到了许多擅长数学的盲人。
[2] 指《奥德赛》，特伊西亚斯是其中的盲人先知。

家吗？但我们的话题还是不应过于偏离桑德森，就让我们跟着这个了不起的人直至他的陵寝前。

桑德森临终时，人们请了杰维斯·霍尔姆斯先生——一位极聪慧的教长——到他身边。他们在谈话中讨论了上帝的存在，至今仍留有几个片段，我认为值得费些力气，为您翻译在此。教长引用自然界的神妙来反驳他的说法。"喔，先生，"盲眼的哲人对他说道，"这场精彩的演出从来不是为我而设，您就无需再提了！我的一生都注定生活在黑暗里，您说的神迹我也见所未见，它们只能向您或同您一样的明眼人证明上帝的存在。如果您想让我信仰上帝，就得让我触碰到他。"

"先生，"教长巧妙地给出了回答，"您可以将手放在自己身上，就能在您器官神奇的机能中窥见上帝的存在。"

"霍尔姆斯先生，"桑德森又开口说道，"我再向您重复一遍。这些事情于我而言并不像在您眼中那么美。动物的机体应当确如您所说的一般完美，因为您是个正派人，不会强迫我相信什么东西，但这种机体又与可支配自己的智能生物有什么关系呢？如果这也能令您惊讶，那是因为您已习惯于将所有超出您能力的东西都当做神迹。我本人就常常是你们欣赏的对象，所以对那些能让你们惊讶的东西并无好感。即使是英格兰腹地，也有人被我吸引而来，他们无法想象我是如何研究几何的；您得承认，那些人对事物的可能性根本没有清晰的认识。要是我们认为一个现象超越了人，立时就会说，这是神的作品。虚荣不容我们得出别的结论：难道我们就不能在自己的话语中少放些骄傲，多加些哲思吗？若自然给了我们一个难以索解的症结，不妨将之原样放着，而不是立即引入某个高等生物的手笔，让后者给我们留下一个比此前的症结更难解答的问题。要是您去问一个印度人，世界为何悬浮于空气之上，他会告诉您世界被一头大象驮在背上；大象又靠什么支撑呢？它踩在乌龟背上。那乌龟的支点又是什么？……这位印度人可能会用同情的眼光看着您。我们就可以对您说，就像对那位印度人说一样：'霍尔姆斯先生，我的朋友，请先承认您的无知，不要再给我讲这些大象乌龟的故事了。'"

桑德森沉默了一瞬，显然是在等待教长的回答。但要如何攻击一位盲人呢？霍尔姆斯先生利用盲人对他正直的好印象，借着牛顿、莱布尼茨、萨缪尔·克拉克以及少数同胞的思想光辉，试图证明世界上第一等的天才也曾为自然的神奇所触动，因此相信背后一定有一位极智慧的造物主。毋庸置疑，这已经是教长能找到的反驳桑德森最有力的观点了。所以，这位了不起的盲人只得承认，他无法轻率地否认一位如牛顿一般了不起的人物也甘心承认的观点；但他还是告诉教长，牛顿的证词于他而言，并没有整个自然之于牛顿的证明效力；此外，牛顿相信上帝，而他恐怕要打个折扣才能相信牛顿的话。

"请您想一想，霍尔姆斯先生，"他又补充道，"我是多么应当信服您和牛顿的话。我什么都看不到，但我承认万物中包含有令人赞叹的秩序,不过还请您不要做进一步的夸大了。我可以退一步,承认宇宙现时的状态,不知这样可否让您为我留下相信我所青睐的事情的自由。关于宇宙旧有的原初状态,您应当同我一样眼盲。您无法找到证人来反驳我,您的眼睛也不再是信息来源。如果您愿意的话,当然可以相信令您震惊的世界秩序是一直存在的;但请您允许我相信事实并非如此。若我们回溯至事物和时间的起点,感受物质的萌动与混沌的冲击,我们不仅会见到少数发展完善的生物,应当还有为数更多的残缺存在。假如说我无法针对事物的现状对您进行反驳,至少我可以询问您它们此前的状况。比如说,我可以问您,是谁告诉您,还有莱布尼茨、克拉克和牛顿,在动物起源的初始时期,它们不是缺头少脚的呢?我可以同您说:它们中有的没有胃,有的没有肠道;即使是那些胃、上颚和牙齿都可以为之提供很长寿命的物种,也可能因心肺的缺陷而终结;怪物是一点点灭绝的;有缺憾的物质构造也是逐步消失的,留下的只有不存在重大缺陷且能保证自我生息繁衍的机体。"

"如此说来,假如第一个人的咽喉是封闭的,缺少合适的食物,生殖系统也不完善,又从来没有找到配偶,人类会变成什么样子呢?恐怕已被卷入宇宙的大清洗里了;那个被称为'人类'的骄傲物种,应当已经溶解弥散在物质的微粒中,或许永远停滞在无尽的可能性里。"

"如果从来没有过有缺憾的生物,您肯定不会错失这个宣称今后也不会有此类生物的机会，如此我也会陷入到荒谬的假设里。但秩序并没有这么完美，"桑德森继续说道，"有时还是会有怪物被创造出来。"随后，他转向教长，补充道："霍尔姆斯先生，仔细看看我，我没有眼睛。那您和我又分别对上帝做了什么，以至于一个拥有这个器官，另一个却被剥夺？"

他说话时的神色是如此真挚动人，教长及在场的其他人都为他的痛苦感染，甚至流下了泪。盲人察觉到了。"霍尔姆斯先生，"他对教长说道，"我已了解到您心地善良，在最后的时刻，我仍能感知您为我展示的证据。但是，如果您真的爱重于我，还请您不要剥夺我最后的慰藉，不要让我在垂死时还为他人带来痛苦。"

桑德森又换了一副更为坚定的语气："我因此猜测，当萌动的物质催生宇宙的时候，我的同类恐怕是随处可见的。那我为什么不能相信，动物的世界也同我想象的一致呢？每一刻，在远离人类的物种中，有多少残缺扭曲的世界正在消散，然后又经历了无尽反复的重组和消失，直至可以达到某种可以自我保全的平衡状态。哦，哲学家们，和我一起前往世界的尽头吧，越过我能触及的界限，抛下你们眼中所见的完美生物；去未知的海洋散步，在它不规律的波动中寻求，看看你们于此处敬仰的智慧生物是如何在别处留下了废墟！"

"您又能从这种结论中获得什么好处呢？霍尔姆斯先生，这个世界又是什么？一个随时面临变迁的复合体，而所有的变迁都指向消亡的结局；一个生物快速更迭的过程，物种在其中相互更替、生长又消失；一个短促的对称；一个暂时的秩序。刚刚我曾批评您用自己的能力来判断事物的完美程度，现在我可以指责您以自身时日的长短来估量世界的延续。由您来评判世界的存在延续，就像由朝生暮死的蝇虫来妄断您的生命一样。世界于您是永恒的，如同您对生命短促的生物也是永恒的一样。朝生暮死的生物世代更迭，是不是证明了您的永恒？这是一个已经延续了多久的传统！但我们所有人都会死去，根本无法估算我们曾经占据的时长，也不知道我们延续了多久。或许时间、物质和空间都只不过是一个点。"

桑德森在谈话中情绪激动，略微超过了他的身体条件所能允许的程度。随后几个小时，他就进入了临死前的谵妄，中间清醒过一次，呼喊道："哦，克拉克和牛顿的上帝，怜悯我吧！"随后就死去了。

桑德森就这样离开了人世。太太，您看到了，那些他用来反驳教长的推理，这些东西甚至还无法令一个盲人信服。对于明眼人来说，这又该是多么大的耻辱，每天从太阳升起到最小的星辰落下，他们都看着自然神奇的演出为他们证明造物主的存在及荣光，却无法寻到比桑德森更好的理由。他们拥有桑德森已被剥夺的眼睛，但桑德森却比他们多出纯洁的品行和质朴的性格。所以，他们像盲人一样生活，而桑德森死时的表现就像他一直都能看见一样。他用余下的感官就足能听到自然的声音，他的陈述甚至比那些常年闭目塞听的人还要有力。我不由得回想，若说苏格拉底是为异教的迷雾所惑，才看不见真正的上帝，那么桑德森是不是因为失去了视觉且看不到自然的奇景，才无法相信上帝的存在。

太太，我很遗憾，人们未能记录下更多有关这位盲人的特异之处，以满足我和您的求知欲。想来他的回答所能带来的启示，要比旁人从各种体验中所能预期的还要多。那些同他生活在一起的人可真没有哲学精神！但他的学生威廉·因池利夫是个例外，他于桑德森的最后时刻见到这位盲人，记录下了他临终的话语。我建议所有懂得英语的人都去看一看，原文就发表在一本于一七四七年在都柏林出版的著作中，题为《剑桥大学卢卡斯数学教授尼古拉斯·桑德森博士的生平及性格》，他的学生及友人威廉·因池利夫绅士著。读者们会在书中发现别处无法找到的乐趣、力量、真实和温柔。虽然我已尽力在译文中保留上述特质，但也不敢声称可将之传达给您。

一七一三年，桑德森迎娶迪肯斯先生的女儿为妻，他的岳丈是剑桥郡境内宝克斯沃斯的学区长。他们生下一儿一女，至今仍在人世。他对家人的临终告白无疑令人感动。"我要去，"他对他们说，"一个最终我们都会去的地方：不要哀叹，这会让我感怀。你们在我面前表现出的痛苦，只会让我更清晰地意识到那些没有注意到的苦痛。我可以毫不介怀地放弃生命，因为生命于我而言只是一段长长的欲望，一场久远的剥夺。像我一样正直地活着，但要活得更幸福；学着同我一般平静地死去。"随后他握住妻子的手，紧紧抓在自己的手中；他转脸朝向她那一边，似乎想要看看她；他为孩子们赐福，拥吻他们，请他们离开，因为对他来说，孩子们的在场要远比死亡的临近更残忍。

英国是盛产哲人、好奇之人和思想建构者的国度；但要不是因池利夫先生，我们就永远无法从桑德森的身上学到那些普通人本可以教会我们的事情。比如说，他可以认出此前只被别人带去过一次的地方，因为墙和石板路会发出声响，而他能通过响声辨别出来；还有上百件类似的事情，是他与几乎所有的盲人都能做到的。到底是为什么，我们总能如此频繁地在英国见到同桑德森一样卓越的盲人，看到一些没有视力却能讲授光学课程的人？

我们总是试图恢复天生盲人的视力；但若我们能近距离地观察，通过询问一位有见识的盲人，同样可以为哲学助益。我们可以学到，事物是如何在他身上运转的，然后将其与我们身上的运转方式对比，或许就能从对照中寻求到解决并不清楚明确的视觉和感官理论中的困难的方法。不过，必须要承认，我并不期待能从一个刚经历过手术苦楚的人身上学到什么，甫经手术的器官是如此敏感，易被最微小的事故影响，足以欺骗那些器官健康、长期享有视觉便利的看客。对我而言，我更愿意聆听一位熟知物理原则、数学定理和器官构造的形而上学者对于认知理论的看法,而无意求知于一个刚做过白内障手术的盲人。面对第一次看到世界的人所给出的答案,我并没有太多信心,却更信赖曾在黑暗中思索问题的哲学家的见解。或者也可以用诗人式的语言告诉您,刺瞎自己的双眼,才更能明白视觉为何物。

人们若想让实验结果有一定可靠性,至少须得下长久的功夫来为实验主体做准备,要培养他,甚至把他变成一位哲学家;但即使本人就是哲学家,培养出一名哲学家也不是一朝一夕的事。那若本人不是哲学家,情形又当如何呢?要是人们自以为是哲学家,情况就更糟了。应当在手术结束之后很久再开始观测,这才是最为恰当的。想要取得最佳的实验效果,需在黑暗的环境中治疗病人,确认他的伤口已痊愈、眼睛已恢复健康。我不希望人们直接将其推至白昼之下:强烈的光照会阻碍我们观看;它又怎么可能不会影响一个极度敏感、还未被任何印象所磨钝的器官呢?

这还不是全部:余下的事情仍然棘手,想要从准备好的主体身上得到教益;要以细致的方式询问他,才能让他准确说出自身的体会。这项问询需要在一整个学术委员会面前举行;或者说,为了谢绝轻浮的看客,只需将在哲学学识和解剖学知识方面与之真正相称的学者请到学术委员会中。即使请来最聪敏的人和最出色的智者也不会显得小题大做。培养并询问一名天生的盲眼人,完全是一项称得上牛顿、笛卡儿、洛克和莱布尼茨等天才的任务。

我很快就会结束这封已显得冗长的信,但最后我还想讨论一个之前曾有人提出的问题。针对桑德森所处的特殊状态进行的若干思考让我明白,问题尚未完全得到解决。我们假设一个成年的天生盲人已学过如何利用触觉区分相同金属材质且尺寸相近的立方体和球体,所以一经触摸,他就能说出哪个是立方体,哪个是球体。然后我们再假设,如果桌面上放着立方体和球体,且盲人刚刚获得光明,在只看不触摸的情况下,他能否将二者区分开来,说出哪个是立方体,哪个是球体。

莫利纽克斯先生是最先提出上述问题的人,并试着予以解答。他声称盲人根本不能将球体和立方体区分开来。"这是因为,"他说,"虽然他已从过往经验中了解到球体和立方体是如何影响他的触觉的,他也无法得知这种影响他触觉的某一方式,是如何作用于他的眼睛的,也不知道以不平衡的方式压迫他的手的尖角,会怎样在立方体上呈现于他的眼中。"

洛克也被询问过这一问题,他说道:"我和莫利纽克斯先生看法相同。我想在第一眼上,盲人很难信心满满地区分哪个是球体,哪个是立方体,如果他仅满足于观看的话;虽然在可以触摸的情况下,他完全能够为这两个物体命名,触觉能够帮助他感应到二者形状上的区别,并据此将之区分开来。"

关于这一问题,孔狄亚克神父的见解较为特殊。您曾读过他撰写的《人类知识起源论》,并从中得到了很大的愉快和补益，现在我再随信为您寄去他同样出色的《系统论》。想来并无必要向您详述他是依照什么理由得出这一结论的，这会剥夺您重读这一著作的乐趣：书中也以一种怡人且哲学的方式详细论证了这一问题，而由我转述恐怕会曲解作者之意。我只是想概括一下，相关观点要么就认为盲人什么都看不到，要么就认为他能看出立方体与球体的不同。至于人们认为有用才加入题设的条件，即两件物体使用了同样的金属材质且尺寸相近，则完全没有意义。这一点是毋庸置疑的。因为如果按照洛克先生和莫利纽克斯先生的说法，视觉体验同触觉感受是没有任何本质联系的，他们就得承认自己看到了一个被手盖住的物体的直径足有两尺长。不过孔狄亚克先生还补充道，假如说盲人能看到物体并注意到它们在形状上的不同，却迟疑着不愿说出相应的答案，这只能归于某些极细微的形而上学的原因，我稍后会同您解释。

以上就是关于同一个问题的两种相反意见，第一流的哲学家也为之看法相左。像莫利纽克斯、洛克、孔狄亚克等人都曾讨论过这一问题，似乎旁人已经难以置喙了；但同一件事物也是会呈现很多可供考虑的面向的，即使前人一时未能穷尽，也没什么可惊讶的。

那些声称天生的盲人可以将立方体与球体区分开的人，所预设的前提条件可能也应当再次被核准：他们假定一个刚被割除白内障的盲人，在手术结束后的第一时间就处于可使用眼睛的状态。这些人会说:"盲人此前利用触觉形成了对球体和立方体的概念,现在可将这种概念同视觉感受作比对,就会知道它们其实是相同的物体;要是一件物体在视觉上给他球体的概念,他却偏要将其称为立方体,反而把看起来像立方体的叫做球体,那才是令人奇怪的事情。所以说,他仍会把在触觉上叫做球体和立方体的物体称为视觉上的球体和立方体。"

那他们的反对者又给出了怎样的答案和推论呢?他们同样认为天生的盲人一旦找回健康的器官,就能立即恢复视力。按照他们的推理,被移除白内障的眼睛和从瘫痪中恢复的手臂应当是一样的道理,后者不需要任何练习就能利用触碰进行感知,所以前者也立时就能观看。他们补充道:"与您相比,我们会给予盲人更多的哲思。要是推论真的进行到您所引导的那一步,盲人应当能继续走下去;但谁又能保证,当靠近物体并将手置于其上的时候,我的手不会骤然哄骗我的期待呢?谁又知道球体不会给我立方体的触感,而立方体不会提供球体的感受呢?只有经验才能告诉我,视觉与触觉是否是同一的:在我完全无知无觉的情况下,这两种感官也可能是有分歧的;如果没有旁人告诉我这就是我刚刚触摸过的物体,或许我会认为现下的所见只是个纯粹的表象。在我看来,这个物体实际上看起来就像我此前称为立方体的物体,而那一个像我之前叫做球体的东西。但人们不来问我它们看起来像什么,而是它们到底是什么;我是根本无法完满回答第二个问题的。"

按照《人类知识起源论》的作者的看法，这种推论可能会让天生的盲人陷入困惑；我想，恐怕只有实验才能提供一个确切的答案。看起来，此处孔狄亚克先生想要讨论的，只是盲人二次触摸物体时再次获得的经验而已。您稍后就会明白我为何要提及这一点。其实，这位聪慧的形而上学家本可以加上一句：盲人听到上述两种感官可能会互相矛盾，应当并不会觉得多么荒谬；说不定就像我之前说过的那样，他会以为这种矛盾也可归因于镜子的反射。

接下来，孔狄亚克先生又注意到，莫利纽克斯先生给这个问题加了很多限定条件，但这些条件并不能预见或消弭在关于天生盲人的形而上学讨论中所遭遇的困难。有鉴于针对盲人进行的形而上学讨论与其他议题相比并无什么特殊之处，这个判断就更有道理了。在考察哲学问题时，实验的对象也应是一位哲学家，也就是说，这个人理应能从别人向他提出的问题中，找到所有理性推论和器官状态允许他看到的东西。

太太，以上就是针对这一问题的正反方意见，我已为您做了综述。随后我会做进一步的辨析，您会看到那些声称盲人可识图辨形的人还远未接近真相，而否认这一点的人则完全有权认为他们并未弄错什么。

若将莫利纽克斯先生提出的关于天生盲人的问题进一步扩大化，就能提取两个相关问题，我们可一一考察。我们可以思考：一、白内障手术完成后，盲人能否立即恢复视力；二、假如能恢复，他的视力是否清晰到足以辨别不同的形状；他是否能将触觉状态下获知的物体名称应用在视觉中的物体上，是否能证明上述名称对物体是合宜的。

器官痊愈之后，天生的盲人是否能立即看见？那些认为他无法看到的人是这么说的："一旦天生的盲眼人能够使用自己的双眼，他视角下的整幅场景都会勾画在眼底。他眼中的场景是在很小的空间内，聚集着无数的东西，在他看来只会是各种形状混乱的堆叠，他也无法将不同的物体区分开来。人们基本都会赞同，只有借助经验，才能学会如何判断物体的距离，甚至还得靠近物体，触摸于它，随后远离，然后再靠近，再触摸，才可确保物体不是人身上的一部分，它是外在的，距我们时近时远：这样说来，为什么盲人就能不凭借经验即可看到物体呢？没有经验的话，第一次看到物体的人会在物体远离他或他离开物体，直到物体消失在其视线之内的时候，认为物体已经不存在了；只有凭借过往观察常驻物体的经验，我们才能明白仍可在原先的位置找到它，才能在远离中意识到它会持续存在。或许就是因为这个原因，孩童才能在玩具被夺走后很快平静下来。我们不能说是因为孩子立即忘记了玩具：可以想一想，很多两岁半的孩子已经掌握了语言中的不少词汇，但要让他们说出来，恐怕比记住这些词还要花费更多的力气，这就证明童年时代是一个记忆的时代。更合理的说法是假设在一开始，孩子会以为脱离视线的东西就不存在了，如此，当消失于视野中的东西再次出现时,他们的喜悦中就会混杂上赞叹。保姆们常同他们玩一个游戏,即用手将脸突然遮上,再突然露出,这可以帮助他们理解不在场的事物也是会持续存在的。如果游戏一刻钟就能重复上百次,他们就能以上述方式积累经验,理解消失于视线的东西并不会真正消失。故此可以推论:我们关于物体持续存在的概念是从经验中获得的;而对距离的概念是借助触觉取得的;眼睛需要学习才能观看,正如舌头需要练习才能说话;若是一种感官需要另一种感官的帮助,这也没什么好奇怪的;当物体呈现在眼前时,是触觉为我们确证外物的存在,时至今日它仍是一种可随时待命的感官,虽不见得可辨析物体的形状及相关变化,却可帮助我们观察它们的存在。"

除这些推论,我们还可补充上切泽尔登所做的著名实验。这位经验丰富的外科医生为一个年轻人割除了白内障,但病人术后很长一段时间都无法分辨大小、距离、情境,甚至是形状。一件一寸大的物体放在他眼前,挡住了一座房子,他就会认为物体同房子一样大。他把所有的东西都放在眼上,因为他认为物体作用于眼睛的方式就和手一样,只有皮肤接触才能做到;他无法将触觉判定为圆形的物体同认定为方形的物体区别开,也无法用眼睛辨认,之前曾用触觉感受过的是放在上面还是下面的物体,到底是在上还是在下。他花费了很大气力才明白,房屋要比他的卧室更大,却无法想象眼睛要如何向他传达这一事实。直至积累了大量的重复经验，他才明白画上画的是立体的东西；他一直盯着画作，最终确认这并非他所看到的平面，就拿手摸了上去，却发现碰到的只是没有任何凸起的平面图；于是他就会想到底是什么欺骗了他的触觉或视觉。实际上，野蛮人在第一次看到画作时，也会有类似的反应；他们把人像当做真人；他们向画像发问，并因没有获得任何回答而吃惊；但这个谬误显然不是因为他们不习惯观看。

那其他难题又该如何解释呢？事实上，与孩童或刚祛除白内障的天生盲人崭新却笨拙的器官相比，成年人经验丰富的眼睛的确能更好地看清物体。太太，请您看一看孔狄亚克神父在《人类知识起源论》里最后给出的例证，他以此反驳由切泽尔登施行、经伏尔泰转述的那些实验。光线在这样一个从未见过光的器官上可能产生的影响，这个器官的体液、角膜、晶状体所应当具备的条件……都在书中得到了清晰有力的说明。由此，我们基本可以确定，在第一次睁眼的孩童或甫经手术的盲人身上，视觉功能还是很不完善的。

由此可以推论：我们可以在外物中分辨出无数的物体，但孩童或天生的盲人却无法看到，虽然这些物体也会呈现在他们的眼底；物体被印在视网膜上是远远不够的，还需要我们专注于它们留下的印象；所以说，第一次使用眼睛的时候，应当是什么都看不见的；刚开始使用视觉的时候，呈现在眼前的只是一系列混乱的感觉，只有随着时间的推移并对发生在自己身上的事情进行不断思索，这些感觉才会变得明晰。只有经验才能教会我们如何将感觉与引发感觉的事物做比照；感觉在本质上也并不近似于物体，我们总是习以为常地将感觉和物体联结起来，其实都是借由经验才实现的。简而言之，我们不应怀疑，触觉可以极大地辅助眼睛，让它认识到物体与它呈现的形态间的统一性。我想，如果一切不都是遵照极普遍的规律来运作的——比如说，如果被有些物体戳到是痛苦的，但被有些东西刺到却是快乐的——那我们应当会在还未搜集到亿万分之一可供我们安身保全的经验之前，就已经死去了。

但是，我决不相信眼睛无法自行获取知识，或者说——如果可以这么表述的话——它无法自行积累经验。若想用触觉确定物体的存在和形状，并不需要眼睛的介入；那么，为什么已经用眼睛看过了同样的东西，还要再以触觉进行确认呢？我了解触觉的一切好处，之前在介绍桑德森和皮伊索的盲人时，我也并未有所隐瞒；但对于上述问题，我绝不会给出肯定的回答。我们可以轻易想到，另一种感官的参与可以完善某一种感官的使用，提高其效率，但在它们的功用间并不存在本质上的依存关系。当然，物体有很多特性是只有凭借触觉才能体会到的：触碰可以告知我们某些眼睛无法捕捉的细小改变，只有经过触觉的提醒，眼睛才会注意到上述变动；不过帮扶是相互的，对于视觉比触觉更灵敏的人，通常都是他们的眼睛会提醒手指有物体的存在或是有微不可触的改变。要是有人在您不知情的情况下，于您的拇指和食指间放上一张纸或是什么又平又薄又软的东西，就只有眼睛才能提醒您，两根手指间无法进行直接的接触。我还想顺便补充一点，那就是在这种事上若想骗过盲人，要比欺骗有视觉习惯的人困难得多。

一只生动灵活的眸子或许并不能毫不费力地确认，外物并非主体的一部分，无法肯定它是否忽近忽远，不能确定它的形状，某些物体是不是比另一些更大。但我绝不会怀疑，眼睛可以长时间地进行观察，我也不认为它的精准程度不足以让我们看清物体大概的轮廓。要是否认这一点，就意味着忽视了器官的功用，忘记了主要的视觉现象，也意味着对以下事实视而不见：没有任何一个灵巧的画家，其手笔可以接近我们眼底那些缩微图像的精美程度；没有什么可以比被呈现的物体和它在视觉中的呈现更精确；这幅画的画幅并非如此窄小；不同的形状间不会导致任何混淆；这些图像所占的面积还不到半平方寸；如果假定眼睛必须在触觉的辅助下才能实现功用，那再也没有比解释触觉是如何教会眼睛观看更难的事情了。

但我不会止步于简单的臆测，而是会去思考，是不是触觉教会了眼睛如何分辨颜色？我不认为我们可以将如此一项丰功伟绩归功于触觉：若真是如此的话，假设我们在一个刚恢复视觉的盲人面前放上一个黑色的立方体，一个红色的球体，再衬上白色的背景，他就能毫不迟疑地辨别以上形状的轮廓。

人们可能会回答，要想让眼睛达到自行积累经验的状态，盲人需要等待一会儿：他要有足够的时间来让眼部的体液可以适当地分布；让角膜形成适宜观看的曲度；让瞳孔的收放程度合乎自身需求；让视网膜不要过于敏感或不敏感于光的作用；让晶状体完成人们所说的向前或向后的动作；让肌肉扮演好自己的角色；让视神经做好传达感受的准备；让整个眼球适应各种可能的位置；让构成器官的所有部分都能参与构建那幅让我们深深从中受益的微缩景象。

我承认，无论我呈现在盲人面前的图像是多么简略，在器官实现上述所有条件之前，他都无法厘清图像的构成。但这也可能是一瞬间的事情，刚刚别人用来反驳我的一系列推理，也可以用在任何一个稍显复杂的机械上，比如手表。细致来说，其中包含了一系列的运动，齿轮、轮轴、表盘、平衡器等部位都要参与，要是全部算起来的话，恐怕得用上十五天的时间才能让指针走上一秒。要是他们反驳我说这些运动是同时进行的，我就会回答眼睛的工作原理也是一样的，无论是第一次睁眼，还是随之而来的各种判断。不管眼睛为了实现视觉需要达到何种条件，都得承认这些条件并不是触觉赋予的；眼睛自行获得了必要条件，所以，它也无需另一种感官的辅助，就能分辨映射于其中的形状。

不过，人们可能还是会说，它要什么时候才能做到这一点呢？或许比我们想象的更快。太太，您是否还记得，之前我们曾一起去王家植物园的工作室观看凹透镜实验，当您在镜中看到有一柄剑以与您手中的剑相同的速度向您戳刺而来的时候，您可着实受到了惊吓。不过您一直以来的习惯却是向镜外找寻镜中描绘的物体。可见，为了观看物体或物体的影像，经验并非如此必要，也没有我们想象的那么牢靠。您的鹦鹉就能给我提供一项佐证：它第一次看到镜中的自己的时候，就用嘴贴近了镜面，把影像当成了同类；一经发现自己无法与"伙伴"相会，它就开始围着镜子转圈。我无意夸大鹦鹉的例子的效用，但这的确是一次未被任何偏见沾染的动物实验。

但是，要是有人告诉我有一位天生的盲人在术后的两月内仍然无法分辨任何事物，我也不会奇怪。我只会从中推论出经验对这一器官的必要性，而不是眼睛必须要借助触觉才能积累经验。我只会因此认识到：在进行观察之前，需要让天生的盲人在黑暗中停留一段时间；为了让他的眼睛能自由活动，恐怕昏暗的环境要比明亮的白昼更合适；实验的时候，最好让其身处晦暗的空间里，或者至少是个可调节亮度的场所，这样对实验应当也是有益的。人们会发现，我已有充分的心理准备，知道此类实验总是艰难且不确定的；实验中看起来费时最长，实际却很简短的一个步骤，就是向实验对象灌输哲学知识，让他拥有比较两种环境的能力，能告知我们盲人与明眼人所处状态的不同。再重复一遍，如果实验对象没有思考和自我反思的习惯，我们又怎能期待从他身上获得什么具体的结论呢？就像切泽尔登观察过的盲人，他完全不了解重享视觉的好处，以至于根本体味不到自己的不幸，也从未思考过丧失这一感官会剥夺他的哪些乐趣。而桑德森却不然：他配得上"哲学家"的名头，绝不会对这一切如此漠然。我猜测他会赞同《系统论》作者的观点。当我看到如下论断时，我会顺理成章地怀疑孔狄亚克把自己的想法也纳入了思想体系中："如果人的一生只是不间断的对喜悦或痛苦的体验，且喜悦时他无法感知痛苦，痛苦时他无法感知喜悦，这只能说明他曾享乐或受苦；如果这就是人的本性，那就说明他从未将眼光移向四周，看看是否有什么生物想要保全他，或者想要伤害他。恰恰是在喜悦和痛苦相互交替的时候，人类才会思考……"①

太太，您肯定会想，要是遵照从一些明确的认识到另外一些明确的认识的推理方法（这是作者一贯的哲学思辨法，也是正确的方法），他是永远不会得出这一结论的。不存在绝对的幸福和不幸，就像没有真正的光明和黑暗一样：其中的一方并不是凭借对另一方的完全且简单的剥夺来实现的。假如我们曾不打折扣地享受过幸福，可能会认为它与存在、思考一样，对我们来说都是不可或缺的；而我却不能如此定义何为不幸。很自然的，正如大多数人所做的那样，我们会将之视为一种被迫的状态，感觉自己无辜，却承认自己有罪，并控诉或原谅外界的自然。

---

① 参见孔狄亚克《系统论》第五章。

孔狄亚克神父认为孩子之所以会在受苦时抱怨，是因为他来到世上之后并没有一直在受苦。要是他对我说，"对一直在受苦的人来说，存在和受苦就是同一件事情；如果不摧毁存在，他也想不出还有别的方法可以终结苦痛"，我可能就会反驳他说，一直在受苦的可怜人可能不会追问：我到底做了什么才要受苦；但没人能阻止他思考：我做了什么才要存活在世上？但我并不明白，人们为什么没有把"我存在"和"我受苦"做成一对同义词，明明一个可以用在散文中，另一个能写进诗歌里，就像"我活着"和"我呼吸"那样。另外，太太，您肯定能比我更清楚地认识到，孔狄亚克神父在这一部分写得极好。我担心您会在比较过我的批评同他的思考之后，对我说您宁愿要蒙田式的错失，也不要沙朗①式的真理。

"又跑题了。"您或许会这么提醒我：是的，太太，这其实是我们早就协定好的条件。以下就是我个人针对那两个问题的答案了。我认为：当盲人的眼睛第一次朝着光线睁开时，他什么也看不到，他需要一点时间来为眼睛积累经验；但眼睛可以进行自我训练，无需触觉的帮助，最终不仅可以分辨颜色，亦可辨别物体大致的轮廓。现在，我们假设盲人术后很快即可恢复视力；在手术结束后、实验开始前，我们把他封闭在一个黑暗的空间中，让他可以进行用眼训练，以便尽快恢复器官功

---

① 指皮埃尔·沙朗（Pierre Charron, 1541—1603），法国哲学家。

能。我们可以考察一下，在这种条件下，他能否凭借视觉认出曾触摸过的东西，是否能给东西配上正确的名称。这是我要解决的最后一个问题。

既然您钟爱那种方式，我就用或可取悦于您的分类法来考察这一问题，将可能的实验对象分为几类。如果参与者是粗鲁的人，不曾受过教育，没有足够的学识，且未进行过准备工作，那据我猜想，一旦白内障手术纠正了器官的缺陷，眼睛恢复了健康，物体就会清晰地映入他的眼中；但有鉴于这一类人不习惯进行任何形式的推理，且不懂得何为感觉、想法，也无法将用触觉接受到的表象与用视觉获得的印象联系起来，他可能会说，这是一个圆，那是一个正方形，但这一判断的背后不会有任何深层次的动因；或者他也可能会直白地承认，自己无法在于视觉中看到的物体上，找到任何与此前触摸过的物体相似的痕迹。

还有一些人，他们能将目中所见的物体的形状，同它们在手中留下的印象进行比照，随后利用思想将触感应用在远距离的物体上，据此说出其中一个是正方形，另一个是圆形，但无法明晓其所以然。仅凭比较触觉搜集的感受及视觉接受的信息，不足以让他们相信自己判断的真实性。

太太，接下来我不再偏题，而是单刀直入地为您介绍参与实验的形而上学家的反应。我毫不怀疑，他肯定是在可以清楚辨别两项物体之后才开始推理的，而且其所见的清晰程度会像他一生从未失掉视力一样;他会比较涌入眼中的感受和此前停留在触觉上的记忆,然后像您和我一样信心满满地说:"我倾向于认为这个物体就是我一直称为圆形的事物,而那个就是我叫做方形的东西,但我无法断言事情就是这样的。有谁跟我保证过,当我靠近的时候这些东西不会在我手下消失呢?我又如何肯定,眼前呈现的物体就是我曾触摸过的呢?我不知道是否可见的东西就是可触的;但即使我已不再犹豫,即使我相信周围人所说的话,知道我看见的物体就是此前触碰过的,我也不会再将推理向前推进一步。""先生们,"他还会继续补充,"在我看来,这个物体像是方形,那一个像是圆形;但我并不清楚它们在触觉和视觉上是否具有同一性。"

假如我们用几何学家换下形而上学家,也就是拿桑德森替掉洛克,他可能还是会说,如果他相信自己的眼睛,那么在这两个可见的形状中,应该这个是方形,那个是圆形。"因为我看到了,"他补充道,"只有在第一件物体上,我才能插上大头针,绕上丝线,以标明正方形的顶点;而只有第二件物体才能允许我标定丝线,以论证圆形的特点。所以这是圆形,那是方形!"不过他或许也会同洛克一样继续说道:"但或许当我把手放在形状上的时候,它们还会相互转化,以至于这个图形虽然在盲人那里感觉像是圆形,但明眼人看来却会展示出方形的特性。所以说有可能我看到的是方形,同时感觉到的是圆形。""不,"他随后还会再开口,"是我搞错了。我平时向旁人展示圆形和方形的特性，但他们其实并未上手触摸过我的计算桌，更没有感受过我用来固定形状轮廓的细线；不过他们还是能理解我的意思。也就是说，当我摸到圆形时，他们看到的并非方形，不然我们就永远无法相互理解了：我为他们描绘了一个形状，展示的却是另一个形状的特点；我拿出一条直线，按照圆弧讲解，再把圆弧当成直线。但既然他们都能听懂我在说什么，这就意味着形状在所有人的视野里都有同样的表达方式；我看到的方形也是他们看到的方形，我看到的圆形也是他们看到的圆形。所以说这就是我一直称为圆形的东西，那是我一直称为方形的东西。"

我用圆形代替了球体，用方形替代立方体，因为似乎只有经验才能教会我们判断距离，所以第一次用眼的人所见的理当是一些平面，他还不知道什么是立体；我们眼中立体的东西，其实只不过是这件东西上靠近我们的点组成的图像而已。

不过，即使是盲人在第一次睁眼时就可判断物体的突起与立体，不但可以分辨圆形方形，也能区分球体和立方体，我也并不会因此就认为他可以辨认更复杂的事物。据传列奥米尔先生实验中的盲人能分辨颜色；但我愿付三十比一的赔率，赌她只是凑巧才能分出球体和立方体，只要没有实验支持相反的结论，我就敢肯定她根本无法区分手套、睡袍和鞋子。这些物体承载着过多的细微变化；它们的使命是装饰或覆盖我们的肢体，其形状与肢体的形状之间，却没有直接的关系。我想，要请桑德森来确定方形帽子的用途，比让达朗贝尔先生与克莱罗先生判断计算桌的用法困难上一百倍。

桑德森肯定会发现物体同它的用途之间存在某种几何学关系，所以只要经过两三次联想比对，他就会明白圆形无边帽是用来盖住头的，其中并没有什么莫名其妙的形状会让他判断失误。但若是一顶方形的帽子呢？他会怎么解释那些角度和帽顶的羽簇？后者有什么作用？为什么是四个角，而不是六个？他肯定会这么想。于我们而言，这两个改动只是个装饰问题，却会在他心里导致一连串荒谬的推理，或是一场对我们所说的"好品味"的绝妙讽刺。

若是仔细思考的话，我们会承认在一个一直享有视力但不清楚物品用途的人和一个知晓物品用途却从未看见过的人之间，一定是存在区别的，但不见得会是前者占上风：太太，假如今天有人刚向您展示了一个头饰，您是否能立即猜到这到底是一个用在其他地方的饰品还是头饰？对于刚刚恢复视力的天生盲人而言就更困难了，他们要用视觉处理的形状数目更多，说不定就会将一位衣冠楚楚、坐在椅中静止不动的观察者当做一件家具或一台机器，而把被风吹动枝叶的树木当做可移动、有生命和思想的生物。太太，感官到底给了我们多少暗示？要是没有眼睛，我们说不定会把一块石头当成会思考、会感触的生物！

由此推论，我们还可以说，桑德森不会在判断圆形和方形时出错；在某些情况下，他人的推理和经验还可帮助他借由视觉来进一步理解触觉，会让他明白眼中所见就是手中所感。

还有一点也是同样重要的，那就是当我们想要论证某个所谓永恒的真理时——或者按惯常的说法，想要见证某一展示时——一定要排除感官的影响。太太，您会注意到，假如有人声称要验证两条无限延展的平行线反射在某块板子上就会变成相交的线，就像两条一直向前延伸的小径似的，那他就是忽略了视觉的干扰，忘记了无论对盲人而言还是对他来说，平行线都永远是平行线。

不过，这个有关天生盲人的假设还可引申出另外两项预设。其一是假设有一个人，生来就能看见，却没有触觉；其二是另有一个人，他的视觉和触觉一直处于矛盾状态。我们可以用布带将第一个人的眼睛蒙上，再让他恢复缺失的感官，随后询问他能否利用触觉区分不同的物体。显然，假如实验对象受过教育，他可以凭借几何学知识找到一个无懈可击的方法，判断触觉和视觉是否会互相矛盾。他只需将立方体或球体握在手里，向他人展示该物体的特性，并在别人可理解的情况下，主动宣称他感觉像是立方体的东西与人们视为立方体的物件颇为相似，所以他手中拿的东西就是立方体。但若实验对象不懂几何学，他用触觉辨别立方体和球体的难度，应该和莫利纽克斯先生口中的天生盲人辨认上述两种物体的难度也并无差别。

至于永远无法将触觉和视觉相统一的那个人，我也无法确定他是如何看待形状、秩序、美丑、对称等概念的。可能他在面对这些概念时，就和我们在面对生命真正的范畴和延续时同样感到难以索解。他大致会说某件物体呈现一个形状，但他应该会倾向于认为这个形状既不同于他眼中所见，也不同于他手中所感。这样一个人可能会对自己的感官心怀不满，但他的感官却不会对外物有什么好恶。如果他要将错处推给某一官能，我想他指责的对象应该是触觉。在数以百计的场景下，他都会觉得是手部的动作改变了视觉中物体的形状，而不是眼睛的观察造成的。当然，这种偏见也会导致他在评估事物的坚硬程度时遭遇偏差，对他而言同样是令人不快的。

但是，正因为我们的官能能在观察形状时保持某种同一性，我们才能更好地了解它们。谁又能说我们在观察中从未遇过任何干扰？但这并不妨碍我们据此作出判断。哎呀！太太，当我们试着将人类的知识放在蒙田的天平上时，会发现我们从未远离他的箴言[1]。我们又知道什么呢？知道何为物质吗？懵然无知。知道何为精神及思想吗？所知甚少。知道何为运动、空间和时间吗？一无所知。知道几何学的真理吗？去问些诚实的数学家，后者会承认他们对此的见解都是一致的。比如说，有多少本相关著作，在对于圆形的定义上，都是反反复复强调

---

[1] 出自《蒙田试笔》第二卷第七章，其中有这么一句话："'我知道什么？'我把这句话作为箴言，写在天平上。"该句中文译文摘自卢岚为《蒙田试笔》一书所作序言《蒙田，一个文学化的哲人》（《蒙田试笔》，梁宗岱译，中央编译出版社，二〇〇六年，第五页）。

圆形就是从边上的任何一个点到圆心的距离都相等的形状。所以我们其实什么都不知道，但又有多少作者非要在其著作中声称他们知道些什么。我没法明白大家为什么还要不厌其烦地读这些东西，反正读完后也一无所获；不过想来原因也是一样的：我在这里颇为荣幸地同您商谈了两个小时，自己虽未感到烦闷，可到底也没能跟您说出什么新花样。请您接受我深挚的敬意。

太太，

您极谦卑且顺从的仆人

附录

《论盲人书简》补遗

我想在纸上不循次序地写下某些我写作《论盲人书简》时还未知晓的现象,后者可以佐证或驳斥其中一些段落的论述。《论盲人书简》成文于三十三年到三十四年前;我力求无偏无倚地读了一遍,觉得还不算太坏。虽然在今日的我看来,第一部分要比第二部分更有趣,或许可以加长前一部分并缩减后一部分,但我还是决定就让它们这么放着,因为担心老人的改动并不能让年轻人的文字变得更好。文章的内容和表述有些尚可忍受,所以如今也无谓再去替换了;至于应被指摘的部分,我也怕自己改得不好。当代有位著名的画家,把人生最后几年都用来摧毁盛年时创造的杰作[①]。我不知道他在旧时画作中发现

[①] 指莫里斯·康坦·德·拉图尔(Maurice Quentin de La Tour,1704—1788)。他晚年时陷入完美主义怪圈,往往要求模特长时间坐在那里保持一个姿势,并不停地修改旧时的画作,因此毁掉了很多代表作。

的缺点是不是真的。但若说改正这些缺点所需的才干，要么他就不曾拥有过，因为他对自然的模仿已经逼近了艺术最后的底线，要么他就是从前拥有过，现在已经丢失了，因为所有停留在人身上的东西都会随着人一起衰败。认识到软弱，就会生出畏缩，而软弱和畏缩又会导致懒惰，这都让我不愿着手修改工作：恐怕这项工作对原文应当是弊大于利。

> 保持理智，及时摘下你那匹老马的缰绳，
> 否则它就会在一片哄笑声中绊倒在地，气喘吁吁。
>
> ——贺拉斯，《书信集》
> 第一卷第一篇，第八行与第九行

现象

1. 一位对其所从事的艺术种类颇有理论心得且在实践中精益求精的艺术家对我说，他在判断齿轮是否为正圆时，都是用触觉而非视觉。他会用拇指和食指轻轻捻动齿轮，用连续的感觉来判断是否有逃过他眼睛的不完美之处。

2. 人们曾跟我提到一位盲人，他能借助触觉判断织物的颜色。

3. 还有一位盲人，卢梭都曾吹嘘过他能用触觉辨认出不同花束间的细微区别；卢梭还对朋友说过——可能是认真的也

可能是开玩笑——他要开一家学校,请这位盲人来给巴黎的卖花女上课。

4. 亚眠市有一位盲眼的调整工,为一家很大的纺织工厂工作。他做起活来极为熟练,就像能看到一样。

5. 有一位明眼人说,眼睛见到的东西会削弱他双手的精准度;剃头的时候,他总是刻意拿开镜子,面向光秃秃的墙。

盲人看不到危险,所以就更加无畏;我毫不怀疑,当他走上悬崖边用窄小的木板搭就的索桥时,仍会步伐坚定。

对大多数人而言,物体的纵深过大会影响他们视觉的清晰度。

6. 有谁会不认识或未听说过著名的达维尔①医生呢?我曾有幸见习过他的几次手术。他给一位铁匠做了白内障手术。这个铁匠因长期接触炉子里的火而染了病,失明长达二十五年之久,早就养成了凡事依靠触觉的习惯,甚至要通过虐待才能强迫他使用刚刚恢复的感官。达维尔气得打了他一巴掌:"蠢货,你还要不要用眼睛看了!"无论是走路还是做别的事,我们都是睁着眼睛的,他却一直闭着。

从中我们可以得出结论:在满足我们的需求上,眼睛可能没有那么有用;它可能也不像我们想象的那样对我们的幸福至关重要;失去一件东西之后,如果后续没有引发其他痛苦,我

---

① 指雅克·达维尔(Jacques Daviel, 1696—1762),法国著名眼科医生,改良了白内障手术。

们只会随着时间的推移对这项失去愈发漠然。还有什么能吸引达维尔医生的病人呢,如果自然的景象都已经对他没有吸引力了?他会想看到一位钟爱的女性吗?不管失明的后果如何,我都不会这么认为,原因如下:我们总是猜测如果一个人在很长一段时间内都失去了视力,那一旦复明,他就会贪婪地看着周边的一切。这肯定不是真的;短暂失明和长期盲眼还是有很大区别的!

7. 达维尔医生广施善行,很多穷苦病人都从王国的各个省份来到他的手术室,恳求他的帮助。而达维尔的声名又如此之大,以至于吸引了一个人数众多的观光团,其中的观众大多受过教育,是受好奇心驱使才来的。我记得那天马蒙泰尔先生和我都在现场。盲人坐在那里。疾患移除之后,达维尔先向光掀开了他的眼皮,然后又将手覆在上面。一位老年妇女就站在他身边,对手术的成功表现出了极大的兴奋。随着医生的动作,她的全部肢体都在颤抖。医生示意她靠近,让她半跪在病人的面前。他拿开手,盲人的眼睛睁开了。他看到了,叫喊道:"啊!是我妈妈!"我从未听到过如此悲怆的叫喊,时至今日仍回响在我的耳边。老妇人晕厥过去,旁观者无不流下泪水,纷纷慷慨解囊。

8. 在所有几乎一生下来就失去视力的人中间,最令人惊讶的要数梅拉妮·德·萨力尼亚克小姐。她与拉法格先生有亲缘关系,后者是国王军队中的军官,在战斗中屡次负伤,离世时荣誉满身。这位小姐就是布拉西夫人的女儿。她的母亲至今仍在人世，每天都在缅怀这个曾给她带来无数快慰，让亲友不断赞叹的孩子。布拉西夫人是个德行出众的人，若对我所说的事情的真实性存疑，尽可以去询问她。我自一七六〇年起就与萨力尼亚克小姐及其家人交往甚密，这种来往一直持续到了一七六五年，也就是她去世那一年；但当时我并未注意她在生活中的特殊之处，还是听布拉西夫人讲起才写成了这份记述。

她有聪慧的头脑、富有吸引力的温柔性格、少见的细腻思维和纯真感。有一次，她的一位姨母[1]举办晚宴，想请她的母亲来陪十九位性格较乖僻的客人，好让他们开心度过晚宴。这位外甥女就评价道："我无意冒犯亲爱的姨母。但为什么要取悦十九个个性古怪的人呢？在我看来，我就只想取悦我爱的人。"

别人的嗓音可以触发她的好感或恶感，就像长相之于明眼人一样。她有一位亲戚[2]是税务官，和她的家人发生了意想不到的龃龉，她惊讶地说道："谁会相信一个如此温柔的声音会做出这种事呢？"听别人唱歌时，她会区分"褐色的声音"和"金色的声音"。

---

[1] 指玛丽-夏洛特·沃兰，狄德罗称她为"乌剌尼亚"，即希腊神话中司天文学与占星术的缪斯。她的姐姐名叫露易丝·沃兰，狄德罗昵称她为"苏菲·沃兰"，意即"智慧的沃兰"，是狄德罗爱慕的对象，狄德罗曾给她写过多封书信。
[2] 指皮埃尔-阿尔芒·德·维尔夫（1732—1793），阿尔萨斯地区的税务官。他的父亲死时欠了露易丝·沃兰一大笔钱。

人们同她说话的时候,她可以根据声音的方向来判断说话人的身高:要是说话人身材高挑,声音就会从上到下;要是说话人个子较矮,声音就是自下而上的。

她并不渴求恢复视力,有一天我问她原因。"这是因为,"她回答道,"要是恢复了视力,我就无法再利用别人的眼睛,而只能使用自己的双眼。因着这项缺失,我一直都是所有人关怀和同情的对象。大家无时无刻不在照顾我,而我也总是心存感激。唉!要是我能看到的话,就不会有人垂怜于我了!"

视觉的失误不会对她造成困扰。"我就站在,"她说,"一条小径的入口处。路的尽头有个什么东西;你们明眼人中有一个人看到它动了,另一个人则认为它一直是静止的,最后靠近去看,才发现是一截树桩。要是离得远远的,没人会知道远处的高塔到底是圆的还是方的。我可以直面吹起灰尘的旋风,但周围的人却要连忙闭上眼睛,有时动作不够快的话还要因此难受上一整天。只要有个不易察觉的小沙砾,他们就得受罪了……"夜晚临近时,她会宣称我们的统治已经结束,而她的时刻将要来临。她活在黑暗里,习惯于在永恒的黑夜中活动并思考;失眠于我们来说颇令人困扰,对她而言则没那么讨厌。

我曾写到盲人无法感知痛苦的表征,应当较为冷血,这也招致了她的不快。"您是否认为,"她对我说,"我是跟您一样习惯倾听诉苦的呢?""有些受苦的人并不会吭声。""我想,"她补充道,"我会立即察觉到他们在受苦,而且只会比您更同情他们。"

她对阅读怀有无上的热情,并为音乐痴狂。"我认为,"她说,"要让我听人歌唱或是以极高的水平演奏某种乐器,我是永远不会厌烦的。我们唯一的出路就是去往天国,但只要在那里也能听到音乐,我就也没什么好抱怨的。您认为即使包括诗歌和演讲在内,音乐也是所有艺术门类中最为激烈的;但即使是拉辛也无法用与竖琴一样细腻的方式去表达;与这种乐器演奏出的旋律相比,他的笔触会失之枯燥沉重;您有时也会希望自己的行文风格能带上巴赫般的力量与轻盈。于我而言,音乐是我所知晓的语言中最美好的。在口头语言里,要想更好地发音,就得清晰地吐出每个音节,但音乐语言能联结起相隔最远的音符,从高音到低音,再从低音到高音,音符间根本没有可令人察觉的滞涩停顿。也就是说,音乐所形成的是唯一一个长长的音节,而这个音节无时无刻不在转调并变换表达方式。旋律把这个音节送至我的耳边,带来一种毫不混杂的和谐感:无数种乐器都参与其中,两种、三种、四种或五种,但所有乐器都是为更好地表达这一音节而服务的;如果作曲家是个天才,知道如何让曲子带上个人特色的话,我也常常会满足于歌唱的段落,这有助于更好地理解音乐。"

"夜晚的宁静中,音乐会变得更有表达力,更让人回味。"

"我相信,对看得到的人来说,眼睛会分散他们的注意力,以至于他们无法像我一样聆听并理解音乐。为什么人们在称赞我的时候，话语是如此苍白贫瘠？为什么我从来都无法用言语表达出自己的感受？为什么我常常会在说话时中途停下，试着寻找可以描绘我感受的词汇却一无所获？是因为这些词语尚未被发明出来吗？音乐在我身上所引发的效应，我只能将之比作长久分离之后，我投入母亲怀抱时所感受到的眩晕感；我无力说话，所有的肢体都在颤抖，眼泪涌出，膝盖也瘫软在我的身下；当时我的感觉就像要在幸福中死去。"

她有极强的羞耻感，我曾问她原因。"这些都是，"她说，"妈妈所说的话的作用。她曾多次同我强调，裸露身体的某些部分会引发罪孽。要是可以的话，我想向您承认，我是不久前才明白她为何要这样说的，可能是因为我已不再童真了吧。"

她死于某个内在器官上的肿瘤，但她一直羞于向别人提起。

对于衣服、装扮和个人的仪表，她都会比常人更注重。由于无法看到，所以她就无法确定自己是否已做了能力范围内的一切，以免别人因她的装扮而感到反感。

要是别人给她倒酒，她能凭借液体落入酒杯的声音知道杯子已经足够满了；吃东西的时候，她非常谨慎且敏捷。

有时她会开玩笑地站在镜子前梳妆打扮，模仿动用一切可变美的武器的爱打扮的女子。她的模仿真实生动，总是令人开怀大笑。

从她最温馨的幼年时代起，家人就致力于完善她存留的感官，其努力的成果令人惊讶。触觉可以帮她辨认物体的形状，她甚至能感觉到就连那些视力最好的人也无法注意到的特点。她拥有敏锐的听觉与嗅觉。她能根据大气中空气的状态，了解天气是阴霾的还是平静的，判断自己身处何地，是走在广场上还是小巷里，是小巷里还是死胡同中，是开阔场所还是封闭地点，是在一个大套间里还是一间狭小的卧房中。

她能通过脚步声和话语的回音来推测空间的大小。只要她已大略参观过一栋房子，后者的平面图就会清晰地浮现在她的脑海里，她甚至可以提醒别人注意一些小的危险。"请您小心，"她会说，"这里门楣很矮，那里您会遇到一级台阶。"

她能于人声中发现一种我们从未留意的丰富性；只要她曾听过这个人说话，她就永远不会忘记这个声音。

她对青春的美好并不敏感，对随年老而至的皱纹也并不抵触。她说，只有心灵和精神的品质才能令她在意。这也是缺失视觉所带来的好处之一，尤其是对女性而言。她断言，"我不会为一个英俊的男人而转头"，永远不会。

她对别人有着全然的信任。欺骗她很容易，但也是一件极其无耻的事情！给她营造一个房间里只有她一个人的假象，是最不可饶恕的罪行之一。

她从来不会惶然失措。她很少感到烦恼。孤独让她学会了自我满足。出去旅行的时候，她坐在公共马车里，发现只要太阳落山，人们就会安静下来。"对我来说，"她说，"我同别人说话的时候并不需要看着他。"

在所有的品德中，她最推崇的就是良好的判断力、温柔和乐天。

她说得很少，听得很多。"我就像鸟儿，"她说，"在黑暗中就学会了歌唱。"

她会把我们在不同日子里所说的话做比较，对其中的矛盾之处甚为厌恶。对于我们这种前后不一的人，无论是受褒奖还是被责难，她都并不在乎。

人们用裁剪好的字词教她读书。她的声音悦耳，歌唱时充满了情致；她应当很愿意在音乐厅或歌剧院度过一生；在所有的音乐中，她不甚喜爱的只有较吵闹的音乐。她跳舞时能吸引所有人的视线。她能很好地演奏最高音维奥尔琴，因着这个天赋，她成了同龄年轻人争相结交的对象：大家都想请她伴奏，以便练习舞步和最时兴的四组舞。

她是所有兄弟姐妹中最受宠爱的。"您看，"她说，"这又是一项我于残疾中获得的好处。大家爱我，是因为他们需要照顾我，而且我也一直在努力表达感激，让自己配得上他们的关照。必须要说，我的兄弟姐妹对我并没有嫉妒。但要是我能看见的话，恐怕就得用精神和心灵赢取他们的关爱了。我有很多让自己变得更好的理由；如果不能再引起大家的关爱，我又会变成什么样子呢？"

对于父母所遭受的财产变故①,她所遗憾的唯一一件事就是不能再请家庭教师了,但老师们都对她颇为留恋且尊重,几何教师和音乐教师甚至坚持要请她免费接受课程。她对母亲说:"妈妈,怎么办呢?他们也不富有,需要利用自己全部的时间。"

为了给她教授音乐,人们在一张大的桌子上弄出突出的线,再在上面放上凸起的音符。这样她就能用手识谱,然后用乐器演奏出来。只学了很短的时间,她就可以部分弹奏最长且最复杂的乐章了。

她对天文学、代数学和几何学都有了解。她的母亲为她朗读拉开耶神父②的著作,有时会中途停下,问她能否听明白。"毫不费力。"她这样回答。

她声称几何学才是真正属于盲人的科学,她极擅长这门学问,无需任何人的指点就已然精于此道。"几何学家,"她说,"他的一生几乎都是闭着眼度过的。"

我见过那些她用以学习地理的地图。经线和纬线都是黄铜做成的;王国及省份的边界线是用或粗或细的线、丝或羊毛绣上的;或大或小的大头针标注了河流山川;规模或大或小的城

---

① 狄德罗曾在一七六二年十月十四日和十七日两封写给苏菲·沃兰的信中,提到萨力尼亚克先生遭遇破产,担上了一大笔债务。
② 拉开耶神父(Abbé de La Caille, 1713—1762),又译拉卡伊神父,法国神父、数学家、天文学家。

市上有面积不一的蜡滴。

有一天我对她说："小姐，请您想象一个立方体。""我看到了。""想象立方体的中心有一个点。""好了。""把这个点和立方体的各个顶点用直线连接起来，这样您就会把立方体分成几个部分。""会分成六个相同的角锥体，"她自行补充道，"每一个的斜面面积都相等，底面均为原来立方体的一个面，高度为此前立方体的二分之一。""就是这样。不过您是在哪里看到的？""和您一样，在脑子里。"

我得承认，我从来没有想通她是怎样不需上色就可在脑海里进行想象的。她是凭借触觉经验构建了这个立方体吗？她的头脑是不是转化成了手，可以作用于物质上，把它变成某种固定的形状？是不是凭借长期的经验，她已经在不同的感官间建立起了对应的关系？为什么我就做不到这一点：只要不上色，我的脑海里就无法浮现任何画面？盲人的想象到底是什么样子的？这个现象可能没有我们想象得那么易于解释。

她写字的时候，会拿大头针直接刺在纸上。纸是绷在一个框上的，下面还有两根平行的木条，木条可以活动，其中的间隙正好够写一行字。

她所阅读的也是这样一种文字，文字是用针或大头针从纸页背面穿刺过来的。阅读时，她会移动手指，感受页面上的凸起。

她阅读的书籍只有一面印有字。是普鲁[①]专门为她印制的。

《水星》杂志上曾刊登过她写的一封信。

她曾耐心地用针抄录过埃罗[②]议长的《历史概论》，我从她的母亲布拉西夫人那里获得了这本特殊的手抄本。

还有一件事令人难以置信，虽然有她的所有家人、我和其余二十个尚在人世的人可以作证：如果一首诗中有十二行或十五行诗句，人们只需给她提示诗的首字母，并告诉她每个词语中包含几个字母，她就能将原本的诗念出来，不管这首诗作是多么奇特。我曾用科雷[③]的涂鸦之作做过实验。有的时候，她使用的表达方式甚至比原作还要好。

她能轻松穿上最细的针：她会把线或丝放在左手的食指上，将针放在垂直的位置；然后再用一根顶头很尖的针或钉子，灵巧地把丝线从针眼里扯出去。

就没有她做不来的细致活计：无论是给布料折边，还是做各种图案、各种颜色的时髦的零钱包或两折钱包，还有什么袜带、手链、带玻璃珠的项链之类的东西，甚至是印刷用的字范，她全都能做。我毫不怀疑她可以在印刷厂

[①] 可能指洛朗-弗朗索瓦·普鲁（Laurent-François Prault，1712—1780），法国出版商。
[②] Charles Jean François Hérault（1685—1770），法国法官，巴黎议会议长。
[③] Charles Collé（1709—1783），因写作欢快的小调而知名，常戏仿知名歌曲。此处狄德罗所说的"涂鸦之作"指歌词只注重押韵，却没有什么实际的意思。

里做一个出色的排版工。难事都能做，容易的事就更不在话下了。

她打得一手好牌，擅长包括 reversis、médiateur 和 quadrille①在内的诸多牌戏。她可以自己摸牌，利用牌上一些微小的区别将之区分开来，而其他的明眼人则无论是看是摸，都没法搞懂她是怎么做到的。玩 reversis 的时候，她会特别注意 A，尤其是方片 A 或黑桃 A。旁人要给予她的唯一关照就是要在出牌时把牌的名字叫出来。每当黑桃 A 陷入危险时，虽然她也清楚这样不够谨慎，但唇边还是会不可抑制地浮上一抹微笑。

她是个宿命论者。她认为我们为逃离既定命运所做的一切努力只不过是会将我们引导向最终的结局。她的宗教主张是什么？我不知道。她的母亲极为虔诚，想来是出于对母亲的尊重，她才将这个秘密留在心底。

最后我还想同您说一说她对于书写、素描、雕刻和油画的看法。我想再也不会有人能比她更接近真理了。我希望如下的谈话能帮助您对此作出判断。谈话是在我和她之间进行的，是她先开了口：

"您要是用探针在我的手上勾画一个鼻子、一张嘴、一个

---

① 这三种都是十七、十八世纪间风靡于法国贵族阶层中的牌戏，共同的特点是需要极高的精神注意力。其中 reversis 据说有一套极复杂的计分系统，得分最少者获胜；médiateur 与皮克牌类似，主要供两人玩，按照牌的花色计分；quadrille 特指四人用四十张纸牌玩的游戏。

男人、一个女人、一棵树，我肯定都能猜出来；要是您的笔触足够准确，我甚至有信心能认出您画的人是谁；于我而言，我的手就是一面敏感的镜子；但这幅画布和视觉器官在敏感性上还是有较大差异的。"

"我猜想，眼睛就是一张无限精准的生动的画布。空气投在物体上，然后又被物体反射进眼睛里，眼睛由此接收到多种多样的印象。会导致印象不同的因素有很多，如自然条件、物体的形状和颜色，或许还包括我并不了解的空气特性，关于最后一点，想必你们了解的也不会比我更多吧。这些多姿多彩的印象共同构成了眼中的影像。"

"要是我的手能与你们的眼睛同样敏感，我就能用手观看，就像你们用眼观看一样；有的时候，我会猜测或许有些动物也是盲眼的，但它们却能做到耳聪目明。"

"那镜子呢？"

"如果说不是所有的物体都能起到镜子的作用，那一定是因为它们在质地上有缺陷，妨碍了空气的反射。想到打磨光亮的金、银、铜、铁都能发挥这个作用，而有波澜的水面或有划痕的玻璃却不能，我就更坚定了这一看法。"

"书写和素描、素描和木版画、木版画和油画，它们间的区别其实就是感受上的不同，所以你们就用不同的材质来表达空气折射上的区别。"

"要是书写、素描、木版画和油画只用同一种色彩的话，就变成单色画了。"

"要真是只有一种颜色，人们就只能辨认出这一种颜色了。"

"显然，应当是画布的颜色、色彩的厚度和对色彩的运用方式在空气的折射中引入了不同，让产生的景象能随着形状的不同而变化。其余的您就不用问我了，我知道的就只有这些。"

"我也没法再告诉您什么了，再多说的话也只是无用功。"

若是我同这位年轻的盲人再多走动一点，用更细致的方法询问她，或许还能再跟您多说一些什么；但我可以用名誉担保，我所说的一切都基于自己的亲身经历。

她死在二十二岁上。要是能再多些时日，她应当可以凭着出众的记忆力和深邃的思维在科学上取得更大的成就吧！她的母亲也常为她读历史著作，这于她们二人而言应当都是愉快且有益的经历。

Denis Diderot
Pensées philosophiques

All rights reserved
All adaptations are forbidden.

图书在版编目(CIP)数据

哲学思想录/(法)德尼·狄德罗著;罗芃,章文译;罗芃主编.—上海:上海译文出版社,2021.4(2024.2重印)
(狄德罗文集)
书名原文:Pensées philosophiques
ISBN 978-7-5327-8518-6

Ⅰ.①哲… Ⅱ.①德…②罗…③章… Ⅲ.①狄德罗(Diderot,Denis 1713-1784)—哲学思想 Ⅳ.①B565.28

中国版本图书馆 CIP 数据核字(2021)第 028425 号

哲学思想录	Denis Diderot	出版统筹 赵武平
	[法]德尼·狄德罗 著	责任编辑 李月敏
Pensées philosophiques	罗芃 章文 译 罗芃 主编	装帧设计 尚燕平

上海译文出版社有限公司出版、发行
网址:www.yiwen.com.cn
201101 上海市闵行区号景路159弄B座
杭州宏雅印刷有限公司印刷

开本 890×1240 1/32 印张 6.25 插页 6 字数 88,000
2021 年 6 月第 1 版 2024 年 2 月第 2 次印刷

ISBN 978-7-5327-8518-6/Ⅰ·5239
定价:48.00 元

本书中文简体字专有出版权归本社独家所有,非经本社同意不得转载、摘编或复制
如有质量问题,请与承印厂质量科联系,T:0571-88855633